The New Role of

国际私法程序中
礼让的新作用

◆[美]帕德罗·J.马丁内兹-弗拉加 著◆

◆李庆明 译 谢新胜 校◆

中国社会科学出版社

图书在版编目（CIP）数据

国际私法程序中礼让的新作用/［美］帕德罗·J.马丁内兹-弗拉加著，
李庆明译 . —北京：中国社会科学出版社，2011.8
ISBN 978-7-5161-0170-4

Ⅰ.①国…　Ⅱ.①帕…②李…　Ⅲ.①国际私法-研究
Ⅳ.①D997

中国版本图书馆 CIP 数据核字（2011）第 196851 号

责任编辑　许　琳　雁　声
责任校对　郭　娟
封面设计　大鹏设计
技术编辑　戴　宽

出版发行　**中国社会科学出版社**

社　　址　北京鼓楼西大街甲 158 号　　　邮　编　100720
电　　话　010—84029453　　　　　　　传　真　010—84017153
网　　址　http：//www.csspw.cn
经　　销　新华书店
印　　刷　新魏印刷厂　　　　　　　　　　装　订　广增装订厂
版　　次　2011 年 8 月第 1 版　　　　　　印　次　2011 年 8 月第 1 次印刷
开　　本　710×1000　1/16
印　　张　8
字　　数　12 千字
定　　价　32.00 元

献给我的母亲，
她教导我"不可能"只是一个单词而已。

致　　谢

简短的致谢是必需的。在本书的完成过程中，我的学生们的思想与贡献发挥了关键性的作用。然而，增加一个免责声明是重要的。本书中可能存在的任何矛盾之处或愚蠢的想法均是我个人所为，与学生们那富有价值的贡献毫无关系。迈阿密大学法学教授迈克尔·H. 格雷哈姆（Michael H. Graham）先生一直是宝贵的顾问，用他那无与伦比的、才华横溢的方式提出意义重大的批评，让作者在考虑究竟是否换一份其他的工作抑或更加努力继续下去。而他的鼓励又让我选择了后者。我的同事C. 瑞恩·瑞兹（C. Ryan Reetz）和丹尼尔·E. 维勒威尔（Daniel E. Vielleville）一直坚持不懈地对我提出非常宝贵的批评与鼓励，C. 瑞恩·瑞兹还慷慨地为本书作序，而丹尼尔·E. 维勒威尔与我一起用西班牙文合写一本类似的书。哈罗特·萨姆拉（Harout Samra），迈阿密大学一名非常聪明、有前途的法学院学生，在对我杂乱无章的手稿的编辑和结构整理上起了很大的作用。最后，我的秘书玛丽·马科斯（Mary Marcos），在条件不怎么好的情况下，付出了无数的时间来协助完成这项工作。没有她，这些努力肯定不会成功。

题记

对于美德，处处皆是坦途
(Nulla Via Invia Virtuti Est) *

在我们学习原始民族向神献活祭的宗教史时，当我们读到印加人，这些比较文明的印第安人，甚至以非常残酷的方式将自己的子女放在他们所崇拜的祭坛上，让祭司切割受害者的乳房、拉出心脏，却仍然同时在欢呼雀跃；当我们在妄图了解家长是如何自愿承受这种惨剧本身时，我们又觉得惬意而感到安慰，因为我们生活在一个更加开明的时代，受到更高的宗教的祝福，它让我们深深体会到维护人的生命是至高无上的职责。

但是我们基督教文明的人们真的有权在道德上放松吗？我们真的可以认为，与秘鲁的原住民相比，我们自己有了如此巨大的进步？连同技术上所取得的最惊人的成绩一起，20世纪我们给人类带来了两次世界大战，而两次世界大战造成的牺牲难道不是让异教徒印加人谋杀孩子更加

---

* 具体出处不详的罗马不完全句，即"对于美德，处处皆是坦途"。

黯然失色吗？难道我们可以拒绝理解这些印加人的父母，而我们自己却为将宝贵的青春花朵送上祭坛而骄傲，难道只是因为二者的区别在于没有任何宗教来为我们纯粹因民族主义的愚蠢而导致的流血进行辩护？

他不是作为一个活跃的政治家，而是作为一个简单的作家，试图在争取世界和平的斗争中履行自己的义务，后者的职责绝对不逊于前者。为了不妥协的伟大理想，他必须将自己的假设与政治上的可能相适应；这意味着，对于昨天可能的而言，不是因此就成了今天真正实现的——天知道，这是没有多少的。他的计划也不是指向只有在遥远的未来才能实现甚至根本不大可能实现的目标；这样是虚幻的，因此在政治上也就约等于零。一个认真有良心的作家，他必须在仔细审视过政治现实之后直接提出可能会被明天认可的建议，尽管这也许在今天看来似乎还没有可能。否则就没有进步的希望。他的计划不应该涉及国际关系的革命，而是通过改善在这一领域占优势地位的社会技术而改革国际关系秩序。

国际法正是规范各国之间关系的秩序的具体技术。希望以一种现实的方式实现世界和平目标的人，必须十分清醒地对待这个问题，将其作为渐进而稳定地完善国际法律秩序的一部分。

《以法律求和平》（*Peace through Law*）——汉斯·凯尔森（Hans Kelsen）

序

在艰难时世里，一部研究美国法律上的礼让概念的作品往好里说是不相关的，往坏里说是残酷讽刺的。有人指责美国在国际领域的表现是前所未有的单边主义，大大超越其合法的司法和立法管辖权，甚至随意无视其条约义务。表面上看，美国好像几乎没有将其珍贵的礼让授予其他主权者。然而，正是这些情况才需要及时认真地分析礼让这一原则。由于需要解决因政府的其余部门不断膨胀的行动所造成的冲突，所以，美国法院也就比一个世纪之前更需要借鉴普通法，用以处理不同主权实体的相互冲突的要求、利益、管辖依据以及法律。在著作《国际私法程序中礼让的新作用》中，帕德罗·J. 马丁内兹-弗拉加（Pedro J. Martinesz-Fraga）分析了反映单一的法律建设不同方面的法理——"礼让"原则——并证明了这一原则的发展与适用对今天的国际法律争议所具有的可预见性以及规范性价值。

在 1895 年的希尔顿诉盖特（Hilton v. Guyot)① 这一标志性案件中，最高法院首次对"礼让"一词下了一个经典定义。最高法院解释说，礼让：

> 在法律意义上说，一方面，既不是绝对的义务问题，另一方面，也不是单纯的礼遇和好意。但是它承认一国在其领土内允许另一国的立法、行政或司法行为，既适当考虑到国际义务和便利，也考虑到本国法律所保护下的本国公民或其他人的权利。

对马丁内兹-弗拉加而言，这一概念的界定在美国法学上创造了一种"新的规范性空间"，"一个位于两端之间的半阴影，一端是绝对的义务，另一端是遵从给予源于主权行为的单纯的礼遇"。此外，这种新的法理概念不仅适用于希尔顿诉盖特案（在美国执行外国判决），也适用于与外国主权者的利益直接或间接有关的各种各样的争议。

礼让所占据的这一独特空间已经随着法理观点的不断变迁而发展了。根据法学家曾经所主张过的自然法理论，法院遵循简单、没有弹性的规则，而这些规则看上去是从"事物的自然秩序"中流出的。因此，国家的权力和管辖权的属地性观念起源于这样一种观点，即主权者有权在自己的领土范围内（而且只能在自己的领土范围内）获得广泛的接受。然而，大多数被确认为自然法结果的原则实际上依赖于其所被考虑的情形。因此，随着经济相互依存加深，有一点越来越明显，即一国边界之外的行为对境内有着显著的影响，对国际法理进行严格的属地界定似乎不再明显的是"自然法"的结果。同样，主权这一概念本身也在不断演变。在现代，主权国家不再被视为具有神圣权利或社会契约下的无限权力；

---

① 159 U. S. 113, 16 S. Ct. 139, 40 L. Ed. 95 (1895).

相反的,主权的权力范围受到个人或社会的其他组成部分的权利的限制。此外,国家成为更加重要的国际商业行为者,不断地进入其他国家的领土,而相应的国家商业行为者需要市场地的规则。随着主权的"自然法"地位下降,国家权力的属地模式已不再是不证自明的。

另一方面,属地模式的不断衰弱增加了国家权力之间的潜在冲突。如果一国边界不再是国家权力的合法限制,那么这些限制又是什么?实证法学提出政府有权颁布法律,但并没有对一个以上的主权者主张该权力提供一个满意的答案。随后的方法更少强调合法权力的范围,更注重主权者或法院强制执行该权力的能力。因此,下面三者之间的张力日趋增加:(1)国家在行使管制权力时的愿望与利益;(2)一旦取消属地模式,权力主张之间的冲突;以及(3)各国在边界之外执行自己愿望的权力有限,导致需要一个务实而又有原则的解决方案。

正如马丁内兹-弗拉加所表明的,这一解决方案就是美国法院发展出的礼让原则。各国相互竞争权力主张的问题出现在法律的许多不同领域,而且正如马丁内兹-弗拉加所指出的,各个法院已经提出了各自的原则——尽管并不总是明确、清晰或者一致的。在很有节奏地分析了从立法管辖权到主权豁免再到国际司法协助的许多问题后,马丁内兹-弗拉加追溯了涉及国际利益的很多法律发展,并且表明礼让原则是如何塑造每一领域的因与果。

美国的普通法制度为该原则的发展提供了肥沃的土壤。逐案裁判的普通法方法允许在不同的背景中并根据情势的变迁而对一个法律问题进行考虑,逐步地制定规则。这种司法造法的渐进方式促使形成了一个灵活的、不断发展的原则,以适应主权、国家权力、合法的国家利益以及国际法律秩序概念的不断变迁。例如,马丁内兹-弗拉加对法院承认外国主权豁免的发展的追溯,从起初的几乎绝对豁免的决定到现代解释(并提供复杂的司法判例介绍)《外国主权豁免法》的规定。在这一分析过程中，他将美国最高法院 1812 年在斯库诺交易号诉麦克法登案（The Schooner Exchange v. McFaddon，以下简称"交易号"案）[①] 的判决作为现代礼让原则的重要基础之一。虽然"交易号"案的判决宣布了外国主权在美国法院诉讼的（老式）绝对豁免规则，但也为新的规范性的礼让概念奠定了分析基础，而最高法院将在近 80 年后对此进行阐述。这两个领域的后续发展（前案受到影响，但并非完全取决于《外国主权豁免法》的颁布），证明了普通法制度的创造力和灵活性。

同时，普通法方法的局限性也影响了礼让原则的发展。逐案裁判意味着该原则远未全面确切地形成，更不用说得到阐述了。在普通法制度中，很少有机会宣布全面的规则，因为对于呈现在面前的案件没有提出的情形，法院无法作出判决。此外，普通法决策相对分散，因为不同的法院需要决定不同的问题，其结果是没有一个单一的视角来强调特定原则的发展。普通法的这些限制有时会导致不一致和混乱，对于最高法院在法国国家航空宇航公司案（Aerospatiale）[②] 中的判决（关于《海牙取证公约》与美国法院的证据开示）和第九巡回上诉法院在廷伯莱恩案（Timberlane）[③] 中的判决（关于立法管辖权），马丁内兹-弗拉加都对其进行了批评，证明了一个更全面、统一的方式将导致更好的结果。

但是，普通法的这种方法，与美国制度的性质所施加的限制（包括宪法对政府各部门的限制和权力分立原则）相结合，导致了在某种程度上，该原则的发展与其本身的实质性内容相平行。这种发展一直是一个制度、利益和原则的和解过程（process of reconciliation），试图适应美国

---

① 7 Cranch 116，3 L. Ed. 287 (1812).

② Societe Nationale Industrielle Aerospatiale v. United States District Court，482 U. S. 522，107 S. Ct. 2542，96 L. Ed. 2d 461 (1987).

③ Timberlane Co. v. Bank of America，549 F. 2d 597 (9th Cir. 1976).

的司法制度、外交政策、私人当事人和外国国家及政府的需要，虽然这不是"义务"。僵化、绝对的规则的不存在或者废除，已经让法院有更大的灵活性，以视情况而达到看起来公平的结果，并且探索新的规范性概念，既低于义务，又高于单纯的礼遇。

什么是马丁内兹-弗拉加的礼让观点？它不是一个完全的法律义务，既不依赖实在法，也不依赖自然法。它既不是一个单纯的礼遇，也不是对衡平原则（equitable principles）的简单适用。它不是一项主权固有的具体权利，同时，也不是简单地由国家的相对权力所界定。相反的，它占据"一个新的规范性空间"，因此是一个规范性的法律原则：一个必须注意的原则。最重要的是，它是一个统一的法律原则，适用于一系列的法律问题，并作为"和解的准则，将不同的法律传统与文化的规范和习性以及国际社会各成员之间的外交关系与利益和谐地融合"。

马丁内兹-弗拉加的远见，作为和解原则的理论阐述，非常适合礼让问题，它实际上是从问题的声明中产生的。但是，和解的目的是什么？和解的性质并不能决定和解是必须如何实现的。大概涉及礼让的某一特定法律争议双方在实体问题上都有可取之处。是不是在他们之间的选择天然是武断的？和解让人想起美国国会会议委员会负责对同一事项的竞争性法案之间的"调和"（"reconciling"）——或者更可能的是选择。在某种程度上，这个过程涉及在原则、结果之间进行厚此薄彼的选择，该如何选择从而促进更广泛的和解的目标并不是那么显而易见的。

在马丁内兹-弗拉加看来，该解决方案取决于所要作出的裁判的实体。法院必须考虑并尝试平衡四个要素：（1）美国的利益；（2）争议中的外国国家利益；（3）国际社会维护和发展公平和可预见的国际法律制度的利益；（4）当事人的利益。适用这些考虑因素的和解分析，使得法院的判决不受追求具体化的国家利益（包括反射性的自利）的影响，并且增强了判决的正当性——而这反过来又服务于更宽泛的利益，让各国和各个法律制度之间实现更普遍的和解。当一个以上国家的利益发生冲突时，这样做，以及出于分析的目的而将外国国家的利益与国内利益一视同仁，法院将最大限度地减少，而不是加剧必然导致的紧张结果。

　　适用马丁内兹-弗拉加提出的解决方案最终会促进其主要目标，即可预见性、统一性、意思自治、合理性以及司法克制吗？对此，既可以提出理由支持也可以提出理由反对。可以肯定的是，迄今为止，礼让的司法适用对法理上这一"新的规范性空间"的发展与阐述是宝贵的，但并没有一贯地支持这些目标。法院也没有制定一个统一的礼让理论，将礼让视为一个超越所产生的各种范围的问题的单一概念，以及将利益和解作为自己的根本宗旨的原则，也没有承诺简化和理顺一直是法理中困难和混乱的部分。

C. 瑞恩·瑞兹（C. Ryan Reetz)[①]

于迈阿密，佛罗里达州

2006 年 11 月 27 日

---

　　① C. 瑞恩·瑞兹 1984 年毕业于哈佛大学，获文学学士学位（优等生，magna cum laude），1987 年毕业于波士顿大学法学院，获法律博士学位（优等生，summa cum laude），在波士顿大学法学院求学期间，是《波士顿大学法律评论》（the Boston University Law Review）的执行主编。他现在是迈阿密大学法学院兼职教授，教授国际诉讼与跨国仲裁课程。瑞兹先生对美国程序法与国际私法以及国际仲裁相关的许多问题都做过专题演讲和著述。

目　　录

缩略语表

A. 2d	Atlantic Reporter
Am. Bus. L. J.	American Business Law Journal
Am. J. Comp. L.	American Journal of Comparative Law
Am. J. Int'l L.	American Journal of International Law
Am. R. Int'l Arb.	American Review of Internal Arbitration
Antitrust L. J.	Antitrust Law Journal
C. D. Cal.	U. S. District Court, Central District of California
Cath. U. L. R.	Catholic University Law Review
Cir.	United States Court of Apeal
D. Del.	U. S. District Court, Delaware
D. Or.	U. S. District Court, Oregon
Dall.	Dallas United States Reports

DCA	District Court of Appeal
D. P. R.	U. S. District Court, Puerto Rico
E. D. N. Y.	U. S. District Court, Eastern District of New York
Eng. Rep.	English Reports
F. , F. 2d, F. 3d	Florida Reporter
Fla.	Florida District Court
Fed. R. Civ. Pro.	Federal Rules of Civil Procedure
FSIA	Foreign Sovereign Immunities Act
F. Supp.	Federal Supplement
Geo. Wash. Int'l L. Rev.	George Washington International Law Review
Geo. Wash. J. Int'l L. & Econ.	George Washington Journal of Int'l Law & Economics
Harv. Int'l Law J.	Harvard International Law Journal
Harv. L. Rev.	Harvard Law Review
Ill. L. Rev.	Illinois Law Review
I. L. O.	International Labor Organization
L. Ed.	Lawyer's Edition
Mich. L. Rev.	Michigan Law Review
N. D. Cal.	U. S. District Court, Northen District of California
N. D. Ill.	U. S. District Court, Northern District of Illinois
S. Ct.	Supreme Court Reporter
S. D. Fla.	Florida District Court

S. Exec. Doc.	Senate Executive Documents
S. Tex. L. J.	South Texas Law Review
So. 2d	Southern Reporter
Stat.	United States Statutes at Large
Syracuse J.	Int'l L. and Com. Syracuse Journal of International Law and Commerce
T. I. A. S.	Treaties and Other International Acts Series
U. S.	United States Reports
U. S. C.	United States Code
U. S. T.	United States Treaty and Other International Agreements
Va. J. Int'l L.	Virginia Journal of International Law
Vand. J. Transnat'l L.	Vanderbilt Journal of Transnational Law
Wheat.	Wheaton United States Reports
W. H. O.	World Health Organization
W. T. O.	World Trade Organization

导　　论

在人权法学领域，过去的四十年见证了国际法领域比之前的四百年的更大发展、变迁、形成与转变。[①] 有必要强调和突出的是，实体性的法律准则一般要求附属的程序观念的发展，以促进新规范的创造，而这将为执行这些实体原则提供可行的战略构想和战术。这里，有必要说明并强调本书的目标。

美国对国际私法程序发展的贡献可以分为 8 个基本类别:[②]

[①] *See*, *e. g.*, Robert F. Drinan, *Cry of the Oppressed*: *The History and Hope of the Human Rights Revolution* (Harper & Row 1987); *Human Rights in Cross Cultural Perspectives a Quest for Consensus* (Abdullahi Ahmed An‑Na 'im, ed. , U. of Pennsylvania Press 1992); *Globalization and Human Rights* (Alison Brysk, ed. , U. of California Press 2002); and Richard A. Falk, *Human Rights Horizons*: *The Pursuit of Justice in a Globalizing World* (Rutledge Press 2000). 试图对当代国际法的性质与特点的这一发展的多个层面和具体的法律学科进行分类和划定，将大大超出了本书的范围。

[②] 试图从观念上分析美国程序法与国际法的说明性努力不多。值得注意的两本著作是美国高洪柱 (Harold Hongju Koh) 教授和劳温菲尔德 (Andreas Lowenfeld) 教授在海牙国际法学院演讲中的讲义，参见 Harold Hongju Koh, *International Business Transactions in United States Courts*, 261 Recuil de Cours 9 (1996); 以及 Andreas F. Lowenfeld, *International Litigation and the Quest for Reasonableness*, 245 Recuil de Cours 9 (1994). 在著名的教材资料中，其他显著分析了美国对国际私法程序贡献的著作更少，例如参见 Andreas Lowenfeld, *International Litigation and Arbitration* (3rd ed. 2006); Russell J. Weintraub, *International Litigation and Arbitration* (2nd ed. 1997); Charles Baldwin, et al. , *International Civil Dispute Resolution* (1st ed. 2004); Gary B. Born, *International Civil Litigation in United States Courts* (3rd ed. 1996).

（1）礼让原则，或者一项规范性规定，高于单纯的国际礼遇，但又低于一项有约束力的义务，从而导致八项准则，认定礼让是一项组织原则；①

（2）国际私法程序框架内美国成文法（实在法）的域外适用；

（3）从绝对外国主权豁免理论蜕变为限制理论；②

（4）对主权国家提起的民事诉讼以及外国主权对此请求提出的程序性抗辩；

（5）在国际仲裁领域发展的原始原则；③

（6）为协助外国裁判机构，在美国"取证"和"证据开示"的方法论；④

（7）承认和执行外国判决；及

---

① 根据这种分类，关键的 5 个准则是：(i) 合理性；(ii) 统一性；(iii) 意思自治；(iv) 司法克制，以及 (v) 可预见性或可预见价值。

② *See, e.g.*, 28 U. S. C. § §1330, -32, -91, 1441, 1602.（《外国主权豁免法》the *Foreign Sovereign Immunities Act*，简称 "FSIA"）

③ 国际仲裁自身处于一个独特的历史时刻，使得其在不断发展和变革，并与整合民法法系（罗马—日耳曼传统，也通常被称为"大陆法"）的原则以及普通法的原则的需要相一致，而仲裁程序中实体法的适用和仲裁本身的实际管理的程序规则，应受这些原则的支配。例如，参见 Grabrielle Kaufmann - Kohler, *Globalization of Arbitral Procedure*, 36 VAND. J. TRANSNAT'L L. 1313, 1322 (2003).突出了自由仲裁规则的发展促成了试图塑造的各个法律制度中有关程序规则的融合，例如，在取证领域，那些由国际律师协会颁布的规则（《国际律师协会证据规则》，IBA Rules on Evidence）、联合国国际贸易法委员会仲裁规则、诸如国际商会、美国仲裁协会及其国际争议解决中心（ICDR）以及伦敦国际仲裁院的仲裁规则。在没有对私人当事人之间的民商事争议拥有管辖权的国际法庭的情况下，争议解决赋予国际仲裁，尽管其长期和杰出的历史可追溯到古希腊时期（参见 Sheila Ager, *Interstate Arbitrations in the Greek World* 347—19 B. C.，U. of California Press，1996），其地位成为解决国际争议的首选和最可靠的方法。简言之，仲裁填补了因不存在对跨境的私人商事争议具有普遍管辖权的跨国民事诉讼法院造成的空白。美国法律协会（The American Law Institute，简称 ALI）努力创制跨国民事诉讼规则，目标是创造一个和谐的图景，不但是对那些并非只是西方主权者特有的多种法律制度进行整合，而且对支配中东和远东的司法管理的制度进行整合，这一可贵努力值得赞扬，但是其进步速度与宏大神奇和雄心勃勃的目标直接成反比，这是可以理解的。经济全球化和多孔经济发展的长期障碍迫切需要创造可以适用的直接和实际的跨境国际争议解决办法。因此，经济全球化使得司法的全球化发展成为必要。国际仲裁，至少在理论上，包括这种模式。它是通往跨国民事诉讼法院的时空桥梁。

④ 《美国法典》第 28 编第 1782 条（28 U. S. C. § 1782）可能是这一领域美国对国际私法程序最重要的、超越了其他的贡献。

（8）美国联邦地区法院在人权领域行使管辖权。①

认真分析程序上所有这 8 个类别的任务需要大部头的著作，难以在一本书中完成这一任务。这里的目标要适度得多，因此，是可以实现的。② 这一分析的唯一目的是理清在跨境争议解决的背景下反复出现的对国际私法程序最重要的贡献和发展的一些轮廓。如果仅仅从时间上衡量，尽管其中的一些发展肯定不是"新的"，但在弥漫着全球化的国际社会，或许在西方法律制度的法院的历史上，还是第一次适用和使用这些原则。但是它们经常在国际裁判机构上受到公然挑战，在如今前所未有的全球经济结构中，我们不得不从一个崭新的视角来重新分析它们。

还必须制定一个或多个原则，可用于赋予概念的一致性，以及因而能更好地分析和实际适用这些几乎不可能在跨境诉讼和国际仲裁领域转移的程序规范。③ 在本书接下来的部分，我们会研究针对礼让概念提出一个不同的分析性说明，作为理解的主角和支点，并且统一这些似乎根本不同以及仅仅表面上相关的类别。这个命题无疑具有挑战性，而且甚至可能说是大胆。然而，正如每次第一步一样，有时人们只能从帕洛斯港（Palos de la Frontera，位于西班牙西南部——译者注）向东才能到达位于西部地区的目的地，而不管我们的内脏直觉和更多的视觉外观的建议。

————————

① 例如，参见《美国法典》第28编第1350条（28 U.S.C. § 1350，通常被称为《外国人侵权请求法》Alien Tort Claims Act）。

② 例如，本书并不讨论美国国际法程序在诸如界定裁判的权限等重要领域作出的独特贡献。如（1）一般对人管辖权（in personan jurisdiction）；（2）特别对人管辖权；（3）"接触的"管辖权（"Tag" Jurisdiction）；（4）在国际法领域中的不方便法院原则；也没有（5）对《外国人侵权请求法》进行深入的分析。但是，由于在国际私法程序背景下这些原则日益增长的相关性和重要性，援引它们作为参考，并不可避免地在这里对案例研究进行详细分析。

③ 例如，高洪柱（Harold Hongju Koh）教授已指出，美国关于国际交易的法理由五个基本原则组成：意思自治、国家主权、礼让、统一性和权力分立。高（Koh）教授解释说，这些原则将过去几年来国际商事交易方面发布的关键性的司法裁判统一整合起来。参见 Harold Hongju Koh, *International Business Transactions in United States Courts*, 261 Recuil de Cours 9, 27, 32 (1996)。

　　本书的目的是从法学家、评论家和律师的理论和实际出发，他们的职业要求在跨境民事争议中起诉或者抗辩、持续不断地援引国际私法规则。但对于根据新的旨在促进统一性、合理性、可预见性、意思自治、司法克制的五点考虑原则的国际程序原则的修订而言，这些概念仍然将作为独立分散的规范，不大适合于引人注目的**司法全球化**的世界秩序。

二

支配美国国际法程序的
基本原则

（一）寻找难以捉摸的礼让概念

即使是最粗浅地分析（1）美国制定法权力的域外适用；（2）在调查、抗辩或提起民事或刑事诉讼中协助外国裁判机构；或（3）承认外国主权者的主权概念的行使，都不能排除礼让概念。[①] 礼让这个概念，数百

[①] "礼让"一词的词根一般归因于拉丁语"comitas"。《民法大全》（*Corpus Juris*）规定：自由人不受任何其他人的权力限制；或者，同样，联合起来：要么通过平等协议而加入联合，要么受自愿维护其他人的主权的协议约束。加上最后这一点，是为了理解一个人（例如后者）更高级，但并不表示其他人（例如前者）就是不自由的。（Liber autem populus est is, qui nillius alterius populi potesti ast subjectus；sive is foederatus est item, siveaequa foedere in amicitiam venit sive foedere comprehensum est, ut is populus alterius populi majestatum comiter conservaret. Hoc enim adicitur, ut intelleigatur alterum populum superiorem esse, non ut intellegatur alterum non esse liberum. ）

《罗马法律汇编》[*The Roman Digest*, XLIX, xv, 7, 1 (Proculus; lib. VIII epistularum)] 指出，这段话表达了普遍的想法，即一个国家应该通过礼让的方式尊重另一个国家的主权，以这样的方式的尊重不应构成这样一个事实基础：从中推断出根据礼让原则承认的外国主权者不自由或者受胁迫。

年后仍没有一个精确和普遍接受的定义①，却构成了支配美国国际私法程序的基本原则适用的首要和最重要的基础②，甚至礼让这个概念本身在美国法理中第一次被援引是在 1895 年。③ 在该案中，美国最高法院阐述了

---

① 参见 Joel R. Paul, *Comity in International Law*, 32 HARV. INT'L L. J. 1 (1991)。根据保罗（Paul）教授的解释，礼让的现代概念的渊源与 17 世纪的一些荷兰学者有关，他们对一国法律域外适用于另一个主权者领土内的感兴趣（引用 Hessel Yntema, *The Historic Bases of Private International Law*, 2 AM. J. COMP. L. 297, 1953）。这些学者包括保罗·伏特和约翰·伏特（Paul and John Voet）、克里斯丁·罗登伯格（Christian Rodenburg）以及他们之中最有影响的优利克·胡伯（Ulrich Huber）。保罗教授补充说，胡伯以及其他荷兰法学家的国际私法理论是在这样一个历史背景下形成的，即当时荷兰刚刚从西班牙获得独立，因此需要一种法律方法论，使其能够协调荷兰内部每一个省的法律，以促进其统一，同时保持灵活性。在其关于国际私法的专论《冲突法》（*De Conflictum Legum*）中，胡伯提出三个原则，说明了外国法律将在另一个主权领土内的适用的方式；首先，属地方法得到确定，即所有国家都假定对其国家领土内的都有排他性的主权，但主权从来不能超越其国家领土。其次，一国对其领土内的所有人都拥有主权权力。最后，在适用外国法时，法院依据礼让管理司法，这样一个国家的法律在世界都保留其效力及作用，只要它们不损害其他国家或其殖民地的权利或特权〔引用 Ernest Lorenzen, *Huber's De Conflictum Legum*, 13 ILL. L. REV. 375 (1919)〕。

另外参见 Hessel E. Yntema, *The Comity Doctrine*, 65 MICH. L. REV. 9 (1966—1967)（详细地描述了礼让概念的学说发展全史，并且巧妙地暗示了在司法制度中根据公平原则来尊重行使主权构成一种义务，因此，不只是单纯的自由裁量礼遇）。

② 无可否认，尽管胡伯在欧洲大陆的影响相当有限，但他的理论的确在盎格鲁—撒克逊法律发展中非常有影响，主要是因为曼斯菲尔德勋爵（Lord Mansfield）和约瑟·斯托雷（Joseph Story）的缘故。参见 Joel R. Paul, *Comity in International Law*, 32 HARV. INT'L L. J. 1, 18 (1991)。另外参见 J. H. Morris, *The Conflicts Of Laws*, 211 (2d ed., 1980)；Peter North et al., *Cheshire & North's Private International Law*, 17 (11th ed., 1987)。

③ 1895 年的希尔顿诉盖特案（Hilton v. Guyot, 159 U. S. 113, 1895）试图界定礼让的准则，而在每一门的国际程序法课程中都会引用它，但很少有得到认可的分析。对于后来者而言，最高法院在该案中阐述的礼让的定义仍然是值得传诵的标准。遗憾的是，尽管国际经济发展已经培育了礼让概念，并进一步建议，如果该原则要在实质上能适用于国际争议解决，就必须在概念上获得一个更严格的含义，但是这些后来的案件却停滞不前。曾经有人指出，最高法院在各国之间第一次援引礼让原则是在 1797 年的埃默里诉格里诺案（Emory v. Grenough, 3 Dall. 369, 370, 1797），在该案中，最高法院引用了优利克·胡伯（1636—1694 年）的专论中的一段话：出于各国的礼遇，在任何政府的限制内，无论什么法律被执行都被视为在世界各地具有同样的效力，只要它们不损害其他政府或其公民的权利。

……

由于法律的多样性，一个行为被一个地方法律认为有效却在其他地方无效，那将没有什么比人类的滥交和实践更方便了。参见 2 U. Huber, *Praelectiones Juris Romani Et Hodiemi*, Bk, 1, tit. 3, pp. 26—31 (C. Thomas, L. Menke, & G. Gebauer eds., 1725)。

虽然这似乎是接近于直接暗示礼让，但重要的是要注意到，在判决中没有出现"礼让"一词。此外，与马歇尔大法官在希尔顿诉盖特案中非常简洁的意见不同，这里的判决并没有特别强调礼让的性质，没有将其作为高于给予外国主权者的单纯的礼遇，而是低于一项规范性的具有约束力的义务或者在法律上可以审判的司法准则。随着越来越多的充分讨论，正是在仔细创制这一独特领域中，礼让的特殊性与争论正位于这两个相反点的两极之间。

外国主权者（这里是法国）作出的最终判决是否能如给予美国州际判决的完全信赖和尊重一样得到完全信赖和尊重。① 该案的具体事实值得分析。

在希尔顿诉盖特案中，原告是法国人，在法国获得一份针对美国公民的判决，要求在美国（纽约南区联邦地区法院）执行该判决。值得注意的是，被告在法国拥有商业地产并且积极参与该物业的管理。正是这一管理导致了在法国提出请求的基本事实，以及因此在纽约寻求执行判决。经过对所有各方主张的事实的细致分析后，最高法院注意到，被告反对承认和执行法国判决的抗辩立足于 4 个具体理论。②

首先，被告声称他们在法国法院的出庭并非出于自愿。③ 第二，被告突出和强调说，法国法院允许原告作证，而没有伪证罪处罚。同样的，被告还断言，他们被排除了交叉询问原告，因此，确定该请求的法律和事实不足的可能性被排除了。④ 第三，被告极力断言，所涉及的合同违反了美国税法，因为该协议没有要求将这些物品根据公平的市场价值而出售并附上发票。⑤ 最后，被告声称法国法在承认和执行外国判决中没有互惠。作为这一主张的雄辩而揭露性的例子，被告援引了 1625 年 6 月 15 日

---

① 《美国宪法》第 4 条规定，各州对其他各州的公共法案、纪录和司法程序，应给予完全的信赖和尊重。

② Hilton, 159 U. S. at 116—120.

③ 这一主张被最高法院断然拒绝，因为无论是第二巡回上诉法院还是最高法院的结论都是一样的，即记录显然证实，交易业务完全发生在法国，被告与原告共担风险，对于构成该请求关键部分的商业地产的管理也是共同平等地参与，更足以克服被告所提出的抗辩，被告认为不存在个人同意，而是只能根据法国法院的司法意志才能在法院上抗辩请求（同上案，第 204 页）。

④ 在普通法系中，证据规则授予各方当事人在伪证处罚下询问和交叉询问证人，但是这种做法没有得到大多数民法法系国家的遵循，大陆法系国家的"纠问制"（inquisitorial system）只允许法官询问证人。简单地说，欧洲大陆的罗马—日耳曼传统更不太考虑对方当事人进行交叉询问的积极性，也不强调将制裁伪证（一种可以立即提起公诉的犯罪）作为确保更加可能获取真实证言的方法。在这点上，被告强调大陆法系和普通法系之间更加突出的差异，明示以及默示地质疑法国的整个司法管理制度，这一努力未能成功（同上案，第 204—205 页）。

⑤ 被告声称根据案件的程序性问题，其提出的合同问题不过是案件中所有重要事实的整体性微不足道的实体部分，这一主张遭到最高法院的拒绝（同上案，第 205 页）。

的《皇家条例》（the Royal Ordinance）第 121 条。[①]

　　在注意到该案并未受到**任何**关于承认和执行外国判决的国际条约、公约或协定的调整后，最高法院寻求在礼让背景下的分析性支持，并且首次在法律上对礼让进行了界定，而即使在今天，这仍然调整着各国与私人当事方之间的国际法关系。自从在国际法领域提出这个定义以来，之后所作出的相关的每一个案件的判决都会引起长期争论，一直以来的源头就是这个定义：

　　　　"礼让"，在法律意义上说，一方面，既不是绝对的义务问题，另一方面，也不是单纯的礼遇和好意。但是它承认一国在其领土内允许另一个国家的立法、行政或司法行为，既适当考虑到国际义务和便利，也考虑到本国法律所保护下的本国公民其他人的权利。（强调为原文）[②]

　　最高法院认为，根据本案的具体事实（因为法国不存在**互惠**），在承认和执行外国判决事项上，判决作出地国拒绝给予各国**互惠**，即使该外国法院所作出的判决不存在欺诈或者其他不正常事由，该外国判决不能马上被承认为有约束力。根据上述情况，外国判决将被美国法院承认为初步证明了该判决的有效性，但**不是**作为一个具有实际约束力的外国判决，不能像给予美国州际判决那样同样的完全信赖和尊重。

---

　　① 1625 年 6 月 15 日的《皇家敕令》（The Royal Decree）第 121 条规定：无论基于什么指控或者原因，外国国家或者主权者对合同或者债务作出的判决，在我国没有约束力或者不能执行。因此，这些合同和文书只有在得到承诺后才有约束力，不管最终判决是什么，我们的公民可以在我们的法官面前挑战这些针对他们的最终判决，并且可以提出自己的权利与法律授权。Touillier, *Droit Civil*, lib. 3, tit. 3, c. 6, sect. 3, no. 77（作者译）。

　　② Hilton, 159 U. S. at 163—164.

（二）创造一个新的规范性法律原则

礼让在法理发展上是独一无二的。礼让的概念引起了一个位于两端之间的半阴影，一端是绝对的义务，另一端是遵从给予源于主权行为的单纯的礼遇。正如已经在多个场合显示的那样，这个法理上的"新的空间"可能很容易导致其本身在外国判决的承认、执行和约束力上缺乏统一性、不确定性、可预见价值。同样的，它已经将这些问题引入分析，即美国法院已经在国际私法程序的其他领域有所作为，例如美国成文法的域外适用。

尽管解释这些原则时可能存在概念上的问题，但是这个概念是足够灵活的，以便能够在许多情形下适用——在那些要求更严格的司法分析的背景下，而对于不同的模式下出现并重新出现的不同的多面经济图景所产生的复杂问题，不是将该原则反射性和机械地适用。正是由于这个光影之间的非同寻常的半阴影，一个新的空间占据了先前被忽略的区分约束力的义务与单纯的礼遇的领域，礼让的概念在国际私法程序领域的衡平司法管理中占据了最重要的位置。①

通过礼让而承认和执行外国判决不局限于最终判决的情形，而所谓的最终判决表示所有司法活动的终结。② 在最终判决的情况下，有关礼让的法理已经扩展到非最终的中间命令（non‑final interlocutory orders）。

---

① 礼让的使用（没有限制）适用于美国法（立法管辖权）的域外适用，对外国人的对人管辖权、平行诉讼或国际未决诉讼（lis pendens international）、承认和执行外国判决，以及向外国裁判机构提供司法协助的专门领域，这种协助超出了传统上的协助，而且也试图协助完成就证据开示和与采取互惠有关的《美国联邦程序规则》（U. S. Rules of Federal Procedure）而教育外国主权者的双重目标，例如《联邦民事程序规则》第 26 条、第 30 条、第 33 条、第 34 条。

② 有必要明确指出的是，"所有司法活动的终结"是指用尽所有这样的上诉救济，例如最终判决可能会在原始国被认为在事实上是最终和有约束力的。

举例说明一下，在纳哈尔诉纳哈尔案（Nahar v. Nahar）[①] 中，佛罗里达州第三区上诉法院所面临的就是一起判决引起的承认和执行问题，该判决支持受益人，而该受益人挑战被继承人倾向于其二婚遗孀及孩子的遗嘱。该孩子和遗孀都断言，让资金无法从佛罗里达州转移到荷属安的列斯群岛（Antilles），这是必要并且关键的。一审法院裁定，支持该儿子在佛罗里达州法院寻求承认荷兰作出的提供禁令性救济的命令。

第三区上诉法院指出了自己之前作出的另一起判决[②]，涉及 5 年之前的关于承认和执行一项外国的中间命令，认定：

> 已经确认，作为一般规则，只有某一外国法院的最终判决才能在这个国家得到承认和执行，条件是该外国法院遵守了一些管辖权和正当程序的标准；**然而，外国法院的非最终或中间命令一般都无权得到这样的承认或执行**。[③]

尽管有如此认定，第三区上诉法院还是在《（第二次）冲突法重述》（the Restatement (Second) of Conflicts of Laws）中寻求支持，并得出结论，卡德纳斯案（Cardenas）中的命令因为缺乏概念灵活性而无用。根据这一推理，第三区上诉法院采纳了《（第二次）冲突法重述》列出的标准，而该标准符合最高法院在希尔顿诉盖特案中阐述的准则：

> 看来，如果外国法院有初审管辖权，当事人已得到通知，并有

---

① 参见 Nahar v. Nahar, 656 So. 2d 225 (Fla. 3d DCA 1995)。该案是本书中唯一援引的州法院诉讼。然而，对该判决的学术性引入值得这么做。

② 参见 Cardenas v. Solis, 570 So. 2d 996 (Fla. 3d DCA 1990)。值得注意的是，在联邦制度中，承认和执行外国的中间命令完全只基于礼让概念是很少的。例如，参见 Pilkington Bros. P. L. C. v. AFG Industries, Inc., 581 F. Supp. 1039 (D. Del. 1984)。

③ Hilton, 159 U. S. at 228.

机会陈词，而且该外国命令并不违反佛罗里达州的公共政策，那么任何外国命令都应被视为有效的判决，因而可以礼让。①

基于这种分析，第三区上诉法院承认了荷兰法院要求禁令性救济的中间命令，并且判决，要求之前冻结在一家美国银行账户的资金转移给处于荷兰法院主持并控制下的托管安排。

同样的分析适用于原告所依赖的法国法院发布的命令。原告是一家巴克莱银行（Barclays Bank，S. A.）的分支机构，位于法国，被告是希腊公民，巴克莱银行向其发放了有担保的贷款，抵押物（财产）位于美国，其中包括一部分的公寓大楼，即现在声名狼藉的"水门"（Water-gate）大楼。在这个案件中②，哥伦比亚特区联邦地区法院推翻了事实审法院的认定，并且认定，案件的实体问题在法国等待裁判时，为了保持现状（status quo ante），对"水门"财产施加禁令的法国的中间命令应予以承认。

---

① Hilton，159 U. S. at 229. 值得注意的是，《（第二次）冲突法重述》第 92 条和第 98 条认为，在所有的实际情形中，外国的司法命令应得到承认。这些关键条款值得全文引用：

第 98 条　外国判决的承认

外国作出的有效判决，如果在辩论程序中经过公正审理后，将在美国承认其对直接当事人以及相关的基本请求的效力。

评论：

1. 有效判决。本条规定仅限于有效的判决，即判决符合第 92 条的要求⋯⋯

为了帮助读者确定哪些"判决"被认为是"有效"从而可以礼让，本《重述》规定：

第 92 条　有效判决的先决条件

判决是有效的，如果

（一）判决作出国对案件具有司法管辖权；及

（二）采用合理的通知方法，并给予受影响的当事人合理的陈词机会；

（三）判决是由适格法院作出；及

（四）符合判决作出国关于法院有效行使权力之必要要件。

评论：

1. "判决"的含义。在本《重述》的本主题中使用的"判决"是一个统称，它不仅包括在法律上的判决，而且包括命令、禁令或衡平法院的裁定法令，以及遗嘱认证法院、海事法院和其他专门法院的判决。

② Barclays Bank，S. A. v. Basil A. Tsakos，543 A. 2d 802（D. C. Cir. 1988）.

尽管法院没有明确地将礼让作为分析的前提，但确实维护了普遍接受的司法公正原则，如对请求的程序公平管理原则。具体来说，法院认为，"在每个案件中，必须平衡特殊的衡平因素"。[①]

全球经济环境的特点是**主权**国之间的商业壁垒逐渐增多，法理上往往会尽可能灵活，因而只要外国审判法院保持了正当程序和基本的公平，外国主权者发布的具有约束力的最终判决和中间命令就更容易得到承认和执行。具有讽刺意味的是，在过去的一百多年里，由于最高法院 1895 年在古老的希尔顿诉盖特案中首次阐明了礼让的概念，所作出的贡献在当前地缘政治意义影响更大。不使用礼让作为概念的出发点来推动国际法程序，即各主权者和私人实体之间的法律关系，反而从礼让中退却，这将不利于发展全球经济模式。

（三）司法克制或者主权

自远古以来，主权的定义一直在发展，尽管学术界突出这个概念是在让·博丹（Jean Bodin）著作的基础之上。[②] 因此，如果弄不清楚主权概念的确切定义，在侵犯各国权利上使用和滥用主权也是值得持续分析的半阴影关切（a penumbral concern）。作为美国对国际法程序的贡献，司法克制（judicial restraint）原则是对这个领域的司法自制（judicial self-restraint）的修正的沉淀。

关于外国主权的司法克制原则的发展，其先驱是美国最高法院于 1897 年确立的。[③] 根据来自第二巡回上诉法院的上诉，最高法院对这个问

---

① Hilton, 159 U. S. at 174.

② 例如，参见 Jean Bodin, *On Sovereignty* (Julian H. Frankin trans., Cambridge U. Press) (8th prtg. 2005)。

③ 参见 Underhill v. Hernandez, 168 U. S. 250 (1897)。

题的裁决时机成熟了。值得注意的是，第二巡回上诉法院发现自己缺乏事项管辖权（subject matter jurisdiction），而且"被告人的行为是委内瑞拉政府的行为，因此适合受另一个政府的法院的裁判"。①

回顾一下案件的事实轮廓是有用的。1892 年，爱德华多·克雷斯波（Eduardo Crespo）在委内瑞拉引发革命的初期，其领导的政党反对总统帕拉西奥（Palacio）政府，而埃尔南德斯（Hernández）将军支持该党，并且拘留了一名美国公民昂德希尔（Underhill）先生，其当时作为工程师受雇于委内瑞拉政府，在玻利瓦尔城（Ciudad Bolívar）工作。当埃尔南德斯将军对昂德希尔先生工作的区域进行军事和政治上的控制时，昂德希尔先生为了离开该城市而请求埃尔南德斯批准他的护照，但遭到拒绝。事实上，直到 10 月 18 日，革命政府反而为昂德希尔先生提供了护照。一收到护照后，昂德希尔先生就逃离该国。②

一抵达美国，昂德希尔先生立即在美国纽约东区联邦地区法院提起诉讼，结果遭到法院的驳回，原告不服，上诉至第二巡回上诉法院后，也被驳回。最高法院发布调卷令（certiorari），行使其管辖权。最高法院指出，对法院而言，与下列司法先例有关的所有问题都是不相干的：（1）在没有战争时进行军事逮捕；（2）试图助长或协助叛乱的个人之间的合同关系的有效性；以及（3）革命机构以海盗为由阻挠全球贸易而不受惩罚的权利。③

---

① 参见 Underhill v. Hernandez, 168 U. S. 250 (1897)。
② 同上案。
③ 在这一点上，法院的分析需要完整引用：原告一方所引用的这些判决都没有说到点子上。在没有全面战争时，尊重军事当局的逮捕，或者个人之间达成的协助叛乱的合同的有效性，或者革命组织干扰世界贸易而不受对海盗以及类似的惩罚的权利，并不涉及这里提出的问题。参见 Underhill v. Hernandez, 168 U. S. 250 (1897)。

（四）国家行为原则

最高法院将司法的自我克制适用于确认第二巡回上诉法院的判决，产生了一个胚胎性准则，从中发展出通常被称为"国家行为原则"（The Act of State Doctrine）的原则。① 尽管其概念起源微薄，该原则的发展却很复杂。

国家行为原则适用的标准最初似乎是简单明确的，因为它表面上毫不含糊。然而，正是该验证体系的透明度使其非常灵活，从而产生了相当大的理论和实践上的不确定性。对该原则发展的分析已经成熟。所有主权者都有从事任何可能被认为行使主权特有的行为或不作为的合法权利。因此，只要这些行为或不作为不能由个人或私人实体在私人权限内行使，例如警察权力的行使，通常不属于个人可以行为的商业经营范围内，那么就应使主权者免于私人诉因（private causes of action）。②

昂德希尔诉埃尔南德斯案（Underhill v. Hernandez）判决作出后，在两起对未来有重大影响的案件中，即古巴国民银行诉桑巴蒂诺案（Banco Nacional de Cuba v. Sabbatino）③ 和伦敦艾尔弗雷德·登喜路公司诉古巴共和国案（Alfred Dunhill of London，Inc. v. Republic of Cuba.）④，最高法院发展并扩大了该原则。

在桑巴蒂诺案（Sabbatino）中，最高法院缩小了其面前的问题，因

---

① 尽管最高法院在昂德希尔诉埃尔南德斯案中的判决意见鲜明简洁，但可以在其分析中找到国家行为原则的根源和基础。正如将要详细说明的，这一原则不断发展，并且构成了外国主权者对民事诉讼的程序抗辩的最起码的原则之一。

② 应当指出，根据该原则，美国法院应有义务避免干涉外国主权者的事务，即使所争议的外国主权者所从事的行为或不作为是由政府部门从事的。

③ Banco Nacional de Cuba v. Sabbatino, 376 U. S. 398 (1964).

④ Alfred Dunhill of London, Inc. v. Republic of Cuba, 425 U. S. 682 (1976).

为所要决定的是该原则是否抵制原告的指控，而其中的依据是两个，一个是古巴政府发布的没收某些财产的一项命令，另一个是与此有关的交易而产生了一些具体收入。① 传统的原则禁止美国法院干预主权者在自己领土内从事的具有公共性质的行为或不作为。有必要分析该案的关键事实，因为其有价值的贡献在于弄清楚了这一原则的理论基础及其实际应用。

1960 年 2 月和 7 月，一家美国公司（法尔-惠特洛克公司，Farr, Whitlock & Co.）与一家古巴公司（Compañía Azucarera Vertientes - Camagüey de Cuba，简称 "C. A. V."）签署了一份食糖买卖协议。② 该项交易的经纪人法尔-惠特洛克同意在纽约签发提单后支付食糖款项。③

1960 年 7 月 6 日，美国国会修改立法，即通常所说的《1948 年食糖法》（The Sugar Act of 1948），以便执行减少古巴食糖配额的总统令（行政命令）。④ 就在那一天，由于该修正案，艾森豪威尔总统发布了可能作出干预的命令。事实上，也在同一天，古巴部长会议（Cuba's Council of Ministers）批准并通过了 "第 851 号法"（"Ley Número 851"），强烈地指出，减少食糖进口配额是美国出于单方面的政治议程动机而实施的侵略行为。因此，古巴政府声称，将对美国的此项针对古巴的经济侵略采取反措施。⑤

---

① Sabbatino, 376 U. S. at 400—401.

② 该公司由美国公民进行风险投资，根据古巴法律组建。

③ Sabbatino, 376 U. S. at 401.

④ 同上。非常稀少的立法历史并不反映任何经济动机或理念是这一努力的主导原则。相反，它会创建一个事实基础，从中推断出，**动机在性质与特点上是政治性和压迫性的。**

⑤ 这项立法全权授权古巴总统和总理（菲德尔·卡斯特罗·鲁斯，Fidel Castro Ruz）根据自由裁量而执行没收立法，可以单方面征收任何财产，而对其所有人不提供任何种类的报酬或补偿。值得注意的是，即使已经建立了一个宣称对任何没收或征收提供系统补偿的指示，根据这项计划而支付的可能性是很小的。同上案，第 402 页。美国国务院将古巴的这一立法（Ley Numero 851）列为 "显然违反这些长期被西方自由国家所接受的国际法原则。它在本质上是歧视、武断和没收性的"。同上案，第 402—403 页。

1960 年 8 月 6—9 日之间，作为合同标的物的食糖装上停泊在古巴胡卡罗（Júcaro）港的霍恩费尔斯号（S. S. Hornfels）上，计划前往摩洛哥。① 该船于 8 月 12 日驶向摩洛哥。②

一从古巴美洲外贸银行处转移了以霍恩费尔斯号上装载的食糖为代价的约因（consideration）以后，古巴政府机关指示其在纽约的代理人法国兴业银行（Societe Generale），授权交付船上的商品，以换取将支付给法尔-惠特洛克的 175250.69 美元，这反过来又是现金付款。③ 法国兴业银行要求法尔-惠特洛克出示换取现金付款所需的文件，结果遭到拒绝，在同一天，法尔-惠特洛克收到 C. A. V. 提起诉讼的通知，C. A. V. 声称其才是该批食糖的真正的合法拥有人，因而自己才是该款项的受益人。④ 最后，法尔-惠特洛克执行了与 C. A. V. 的合同并否认任何与法国兴业银行的协议。古巴美洲外贸银行在纽约成功地说服联邦地区法院发出有利于自己的禁令救济，并指明桑巴蒂诺作为受托人。这一命令造成法尔·惠特洛克向法院交存一笔资金，而它们事实上被冻结于纽约州管辖范围内。⑤

古巴美洲外贸银行在美国纽约南区联邦地区法院提起诉讼，认为法尔-惠特洛克依据提单获得的有关资金是民事盗窃（civil theft）。法院认为，尽管对所争议的食糖的征收发生在古巴领土内，但法院

① 在霍恩费尔斯号将作为标的物的食糖装船的同日，古巴总统和总理表面上依据"第 851 号法"（Ley Numero 851）的规范性命令而行事，发布了第 1 号行政决议（Resolucion Ejecutiva Numero 1）。该决议规定征收许多财产、实体和权利，其中包括美国投资者所拥有的 C. A. V.。作为这项决议的直接和明确的后果，随着霍恩费尔斯号从古巴出港，有必要确保得到来自古巴政府的官方授权。为了获得这一授权，法尔-惠特洛克于 8 月 11 日与 C. A. V. 签署了一份与所争议的合同一样的合同，但现在有一个新的卖家：古巴美洲外贸银行（Banco Para el Comercio Exterior de Cuba），它是古巴政府的一个机构。参见 Sabbatino, 376 U. S. at 404—405。

② 同上案，第 40 页。

③ 同上案，第 406 页。

④ 同上。

⑤ 同上。

拥有对人管辖权。此外，法院裁定，"根据文明国家的商人法，法尔-惠特洛克在付款**之前**不能宣称对 C. A. V. 的食糖主张所有权"。它的结论是，C. A. V. 对从属于"古巴属地管辖"的食糖拥有财产利益。①

虽然在司法上重申了国家行为原则，但是联邦地区法院指出，如果导致诉讼的征收赤裸裸地违反了公认的国际法原则，那么如本案一样，所声称的外国主权者的行为违反国际法，该原则就不能适用。法院还指出，根据本案的事实，所有权的转移是不可能有效并有约束力的。因此，法院裁定，古巴的征收命令以三种独特的方式违反了国际法的基本准则：第一，征收的动机是出于报复，因而缺乏一个公共性质或目的；第二，征收本质上是歧视性的，因为它明确直接歧视美国公民；第三，对于补偿所征收财产的所有权人存在商业上的普遍标准，而该征收没有满足这一标准。②

第二巡回上诉法院维持了地区法院的裁决。③ 最高法院选择发布调卷令，理由是第二巡回上诉法院处理的该问题非常重要，意义重大，因为它们涉及一个国家的外交关系，特别是司法机构的作用这样敏感的领域。最高法院推翻了第二巡回上诉法院的判决，认定本案涉及的是主权者在其领土内进行的征收，而国家行为原则禁止美国法院在本案这样的案件中进行司法干预。法院补充说，即使所争议的征收问题本身违反了国际法，这个原则仍然适用。④

值得注意的是，英国 1674 年判决的布兰德诉班菲尔德案（Bland v.

---

① Sabbatino, 376 U. S. at 406.

② 同上案，第 406—407 页。

③ 虽然维持了地区法院判决，第二巡回上诉法院强调，根据国际上的法理，地区法院所阐述的三个因素都不足以使征用无效（同上案，第 407 页）。

④ 正如后面详细论述的，拜伦·怀特（Byron White）大法官不同意多数意见，并发表了 20 页值得认真考虑的反对意见。

Bamfield)① 是昂德希尔诉埃尔南德斯案的古老前身，最高法院在其中发现了许多充分的支持性意见。最高法院认为，有必要阐明本院大约 75 年前的判决所依据的长期原则：

> 每一个主权国家都必须尊重每个其他主权国家的独立，一国法院不应对另一国政府在自己的领土内从事的行为进行判决。对这种行为进行申诉，必须通过主权国家之间能够以主权权力公开获得的手段来进行。②

根据这一分析框架，最高法院指出，尽管昂德希尔案（Underhill）的判决已经古老，但在本院的众多判决中已经多次重申其认定。③ 奇怪的是，在扩大国家行为原则中，最高法院明确指出，正如较早的一些判决似乎暗示或根据一些国际法原则，该原则并不基于主权权力的固有性质而强制适用。"如果交易发生在一个地方，而法院地在另一个地方，法院地并不通过撤销诉讼或者适用自己的法律而意图剥夺第一个地方的领土主权；它仅仅拒绝裁判或将自己的法律适用于所面对的当事人或财产。"④

该判决意见还规定，对于那些所争议的行为或不作为代表了国际社会大多数成员所遵循的实践的案件，国际私法并不适用，这是不言自明的。对国家行为原则问题作出司法判决的大部分外国主权者都已选择不

---

① Bland v. Bamfield, (1674) 36 Eng. Rep. 922 (K. B.). 正如所引用的，昂德希尔案 (Underhill) 的判决是在 1895 年作出的。

② Underhill, at 521.

③ *See*, *e. g.*, United States v. Pink, 315 U. S. 203 (1942); United States v. Belmont, 301 U. S. 324 (1937); Shapleigh v. Mier, 299 U. S. 468 (1937); Oetjen v. Central Leather Co. , 246 U. S. 297 (1918); Ricaud v. American Metal Co. , 246 U. S. 304 (1918); American Banana Co. v. United Fruit Co. , 213 U. S. 347 (1909) .

④ Sabbatino, 376 U. S. at 421—422.

强加硬性规则或司法指示。① 最高法院指出，无论**主权**的固有性质还是**国际法**原则都不构成使用国家行为原则的依据，该原则的确能在源于组成政治体制的不同政府部门之间的基本关系的宪法性原则中找到规范性支持。② 尽管有这个基本分析，似乎已经确定，国家行为原则的使用和发展构成了独特的联邦法理事项，因为无论是政府的司法部门还是行政部门都可以使用该原则，当然取决于所争议的具体案件的事实与外交政策。③

经过区别于被告提出的 5 点主张后④，法院解释说，"虽然这种征收可能有违本国及其成员州的公共政策，但是我们的结论是，通过维持国家行为原则在这一领域的适用，最符合国家利益以及迈向各国之间建立法治的目标的进步"。⑤

简单地说，因为根据在本案中所提出的任何事实，国家行为原则禁

---

① Sabbatino, 376 U. S. at 422. 法院指出："没有任何已发现的国际仲裁或司法判决表明国际法禁止承认外国政府的主权行为［援引《奥本海国际法》，第 115aa 节（劳特派特修订，1955年第八版），*Oppenheim's International Law*, Section 115aa (Lauterpacht, 8th ed. 1955)］，并且显然没有在任何一个国际法庭提出由于没有适用国家行为原则而构成违反国际义务的索赔请求。如果国际法不禁止使用该原则，那么即使它声称有关的国家行为违反国际法，也不会禁止适用该规则。传统的国际法观点是，它确立决定一国是否侵害另一国的实体原则。"（同上案，第 422 页）

② 同上案，第 423 页。这一主张的前提是这样的推理，即在适用该原则时，司法部门正在对外国主权者从事的行为和不作为的合法性与有效性发表意见。因此，根据这一学派的思想，司法部门进行的这种活动可能妨碍而不是激励行政部门为美国制定的外交政策目标以及国际社会的政治目标（同上）。

③ 这种政策可能由（国务院）行政命令或者（国会）立法制定。

④ 第一，经由作为政府机构的古巴美洲外贸银行，古巴政府没有资格基于礼让原则在美国提起诉讼，因为古巴的地位是作为美国敌对的外国主权者（同上案，第 410 页）。第二，被告断言，古巴只是从这些权利理论上的寄托地点——纽约——那里征收了合同权利。因此，纽约州的法律支配和适用于任何司法程序（同上案，第 411 页）。第三，被告还声称，由于征收的标的物是食糖，起诉的是寻求执行外国主权者的政治政策。美国法院不认为这种行为是可审理的（同上案，第 412 页）。第四，即使没有一个公认的衡量征收合法性的标准，例如正在审理中的本案一样，但是对财产的所有人的报复、歧视和缺乏补偿的征收，所有这些积聚性影响都压倒性地说明存在违反国际私法的情形。第五，被告声称，经济上的压力必然要求遵循拟议的例外（"伯恩斯坦主义"，the "Bernstein doctrine"）和国家行为抗辩，否则将大大削弱对美国海外投资的保护（同上案，第 419 页）。

⑤ 同上案，第 420 页。

止对古巴征收法令的有效性与合法性提出任何质疑，所以最高法院推翻了第二巡回上诉法院的判决，将案件发回地区法院，并指示地区法院采取任何可能需要的措施来执行最高法院的要求。

（五）权力分立

在桑巴蒂诺案中，最高法院将其分析与认定立足于从美国民事诉讼法理要件中提取的概念统一原则。奇怪的是，尽管最高法院在判决书中不辞辛苦地花大篇幅详细阐述了其推理、结论及其反对意见，但是"**礼让**"一词在整个判决意见中只出现过一次。然而，法院明确强调，无论是主权原则的内在性质还是任何在司法机关或仲裁庭作出的先例，都不能证明适用国家行为原则是正当的。

与当时的主权原则一样，在司法上确立的判例与已经确定的法律原则之间有一个半阴影，这与最高法院 70 年前在希尔顿诉盖特案中创造的空间在概念上难以区分。在该案中，最高法院认为有必要建立一个新的司法类别，在那些传统的概念上绝对找不到的，例如具有法律约束力的**义务**、国际**礼遇**，或者关于承认和执行外国中间或最终判决的遵从。在由强调权力分立组成政府的宪法原则的外衣掩盖下，礼让原则成了框架建构的一个分析支点，将允许该原则的适用，而不考虑其适用被视为是主权原则特有的义务或者礼遇及其可追溯至国际法先例的渊源。

礼让假设并强调，就调整以及在法理上组织各国之间的法律关系和随之而来的不同法律制度而言，无论是具有强制性的规范性原则还是外交礼遇都不够。因此，有必要规避国际私法的第一原则和前提（即义务和礼遇），这样可以发展出一个新的理论和实践上的分析范式，其最终结果是在理论领域迈向统一化的原则，促进统一性、合理性、可预见性、意思自治以及司法克制。否定传统准则，这样新的原则可能会发展起来，而其最终以及最极端的后果是导致礼让原则与当代几何学的基本前提类似，与《几何原本》（*Elements*）中的第五公设（Fifth Postulate）相反，尽管这是欧几里德美学摒弃对称性的必然结果，作为组织原则而采取这样的主张，即实际上平行线确实相交。[①]

法院归因于礼让概念的正规和非实质性使用的性质仍有待深入和详细的探讨。迄今为止，"义务"概念的强制性不同，**礼让**概念的使用缺乏实质的规范性基础。经由定义，法院也已令礼让的概念没有实质内容，就类似于作为外交规范的"礼遇"概念。此外，**礼让**也不符合"衡平"（equity）原则。

衡平能在"正义"概念中找到渊源，指的是皇家法院在万不得已的特殊和例外情况下所采取的最后手段。**礼让**根本没有植根于所罗门的（Solomonic）"正义"准则。**礼让**远远没有达到这个简易标准，像一个没有内容的公式化三段论一样，它的正式表达提供了一个新的前景和开端，因为在国际法的冲突这一领域内，问题的分析与实际适用与人以及法律冲突本身一样古老。

这里，我们尝试从为**礼让**的独特概念提供一个规范性的基础和实质性分析框架的过程开始，可能有助于促进国际私法程序的统一化。然而，作为依据，追溯作为准正式准则适用的该原则的轮廓是必要的。

礼让的使用，掩盖在分析性的说明中，显然可以见于最高法院在伦敦阿尔弗雷德·登喜路公司诉古巴共和国案（Alfred Dunhill of London, Inc. v. Republic of Cuba.）中的分析。[②] 值得注意的是，在马歇尔大法官

---

① 欧几里德的《几何原本》阐述了著名的第五公设："同平面内一条直线和另外两条直线相交，若在直线同侧的两个内角之和小于180°，则这两条直线经无限延长后在这一侧一定相交。"

② Alfred Dunhill of London, Inc. v. Republic of Cuba, 425 U. S. 682 (1976).

的反对意见中，我们可以一点点地实际分析礼让作为一个统一的原则的适用。相反的，在讨论商业活动中的国家行为原则时，多数意见的分析似乎失于清醒，据此，最高法院将主权者描述为一个与私人个体一样行动的实体，而不是符合管理主权国家的任务的行为和不作为。

在阿尔弗雷德·登喜路（Alfred Dunhill）案中，最高法院推翻了第二巡回上诉法院的裁决，并认为，古巴政府征收了5家由古巴公民拥有并经营的雪茄制造工厂，而3名债权人对原本应归还他们的资金提出请求，但是古巴却拒绝就此提出补偿，因此古巴政府不能主张根据国家行为原则而对其行为或不作为进行豁免。乍一看，最高法院的分析似乎是清楚的，但是在反复适用不同的原则时则是不透明的，尽管根据非常狭隘的分析，应集中于决定唯一的问题，即在主权者不承认由财产征收或没收所产生的债务时，国家行为原则是否还要适用。①

至关重要的是要强调，最高法院推翻第二巡回上诉法院判决的出发点是两个基本前提。首先，它指出，"提供的古巴政府自己的立法、法规、命令或决议的任何证据都没有表明古巴已否定其整体或任何类别的

---

① 正如已经提及的，在这里，菲德尔·卡斯特罗政府控制了5家属于古巴国民的雪茄制造工厂。政府取得制造工厂的控制时，用商业上可行的协议任命了"干预人"（"interventores"，相当于接收人，即 receivers）负责经营工厂（参见 Alfred Dunhill of London, Inc. v. Republic of Cuba, 425 U. S., 第605页）。这些工厂一直对美国买家赊账。这些账户之一涉及伦敦阿尔弗雷德·登喜路公司，在工厂"国有化"与美国禁止所有与古巴的贸易之间的18个月窗口期，美国烟草进口商收到了来自上述工厂的产品。这些进口商也在正常业务过程中向古巴付款以购买这些产品。工厂的前业主从古巴逃到美国，并且对这些美国进口商提起诉讼，声称：（1）商标侵权；（2）赔偿政府干预工厂之前的付款；以及（3）支付到期欠款及干预后出货的款项。地区法院准许古巴政府介入这些争议（同上案，第685—686页）。工厂的前业主声称，他们的财产被没收而没有任何公正的赔偿，更遑论其他的，并认为美国不应容忍这种没收。最后，他们补充说，根据有管辖权的联邦法院作出的最终判决，即使他们无法取回其制造工厂、存货和其他财产，至少他们将有权收回已清偿给他们的所欠款项（同上案，第687页）。

地区法院认为，前业主有权得到干预前发货的付款，古巴共和国有权接受干预后的付款。这一判决看起来是基于国家行为原则的适用，正如最高法院所论证的，干预后的商业活动禁止美国法院对外国主权者在其自己领土内合法从事的行为进行干涉（同上案，第686—687页）。

义务以及决定没收这三个外国进口商的欠款"。① 其次，最高法院在马歇尔大法官的判决意见中找到支持，而当时马歇尔大法官已经区分了（1）主权者所从事的公共和政府行为，以及（2）私人个人所从事的私人和日常商业活动。②

为了得出这一推理路线并将其适用于最高法院所面临的这个问题，多数意见指出，必须强调国家行为原则的限制和范围与外国主权者拒绝履行商业债务的分界线。因此，多数意见指出，这些债务不应该被视为超越了美国法院的管辖范围。③

在这里，最高法院强调了它对国务院的声明的意见以及二者之间可能产生的潜在不一致，从国家行为原则与美国外交政策的适用中会产生原则上的冲突。没有放弃这一前提，即私人行为者从事的商业活动是**私人的**，因而超出了国家行为原则的范围，因此，法院的结论是，为了避免"与行政部门的尴尬冲突"④ 以及政府的司法和行政部门的不一致，法院不会扩大该原则，以便包括外国主权的商业债务。法院引用了如今著名的"泰特公函"（Tate Letter）⑤ 作为国务院政策的例

---

① Alfred Dunhill of London，Inc. v. Republic of Cuba，425 U. S. 695（1976）.

② 法院特别引用了马歇尔大法官在 1824 年的美国银行诉佐治亚普兰特银行案（Bank of the United States v. Planter's Bank of Georgia，9 Wheat. 904，907，1824）的意见：我们认为，当政府成为任何贸易公司的合作伙伴时，就涉及到该公司的交易而言，它本身已经放弃自己的主权性质，并且就是一个私人公民的性质，这是一个正确的原则。不与该公司沟通其特权和权利，就降到与其合伙的对象的水平，并具有属于其合伙人以及所交易的业务的性质。Dunhill，425 U. S. at 695—696.

③ Dunhill，425 U. S. at 698. 援引了一封美国国务院 1975 年 11 月 26 日的来信，通过其法律顾问表示，"我们（国务院）认为登喜路案并没有提出国家行为的问题，因为该案件涉及的行为在本质上是**商业性的**(commercial)，而不是**公共性的**(public)"（黑体部分是着重强调）。

④ 同上案，第 698 页。

⑤ 在 20 世纪早期，一些外国主权者放弃了绝对外国主权豁免的经典理论，而倾向于更加自由的限制豁免理论。这个"新的"更灵活的理论对外国主权者有关的商业活动不授予豁免，但仍对公共行为保留豁免保护。1952 年通过其法律顾问杰克·泰特（Jack Tate）先生撰写的公函，国务院采纳了限制外国主权豁免理论（See Gary B. Born，*International Civil Litigation In United States Courts*，3rd ed. 1996）。

子，对于在美国法院诉讼的外国主权者，国务院已经支持限制豁免而非绝对豁免。①

遗憾的是，法院的分析并不严格，不加区别地借用了至少三个不同的原则（国家行为、外国主权豁免以及礼让），而没有正式地在它们之间作出区分，或者确定其实质特点。

（六）外国主权豁免原则与国家行为原则之间的概念区分

很显然，最高法院在登喜路案中提出了类别上的困境。在基本原理与司法目的上，外国主权豁免原则②与国家行为原则存在重大差别。很明显，登喜路案中的当事人在诉讼程序中都没有提出外国主权豁免。事实上，法院主动引入了该原则及其分析，以部分地努力扩大国家行为原则，以便使得超越了经典的豁免范式的外国主权者在其领土内的行为和不作为符合这一原则。概念性的错误是严重和足够重大的，因为它没有提及这些区分。

对反对意见的分析表明，在最高法院多数意见的推理中，存在内在的不合理。持反对意见的法官强调，"在任何现实看待本案事实的观点看来，干预人保留并拒绝归还登喜路公司所支付的资金构成'国家行为'，登喜路公司不能依据该行为无效而提出任何肯定性的归还。上诉法院因此

---

① 法院指出：美国放弃绝对主权豁免理论，接受了限制理论，据此，在我们法院，豁免应给予源于外国国家的公共或政府行为而非其商业或私人行为的诉因。自从所附的 1975 年 11 月 26 日的公函以来，这一直是我国政府的官方政策，确认如下：

"此外，自 1952 年以来，国务院一直坚持的立场是，外国国家的商业和私人活动并不享有主权豁免。这一立场意味着确定裁判针对外国国家的商业责任并不妨碍外交关系，而且这样的裁判与主权豁免的国际法是一致的。" Dunhill, 425 U. S. at 698.

② 将在第四部分详细分析该原则。

得出这样的结论，而我肯定会维持其判决"①。

说穿了，反对意见声称，国家行为原则只能经由外国政府的"制定法、法令、命令或决议"所适用，或者国家行为的存在只能由该主权者的肯定性行动所证明。②这一论断的逻辑是实质优于形式。主权国家依照正式途径，如行政性或立法性法律或其他降格为法令的措施来行使其主权，这是很常见的。③然而，将非公式化的行为或不作为与该原则的不可适用性等同，是一个重大的错误，特别是因为通常主权者也根据不那么公式化的方法来行使其主权而从事特有的行为和不作为。

行为的实际**内容**，而不是它的**形式**，是国家行为原则适用的决定因素。在这里，反对意见在概念上是清晰的，而且证明在内部分析上，反对意见比发布法院判决的多数意见更加一致。

同样令人不安的是，多数意见的前提是，限制主权豁免理论并没有将豁免扩大到外国主权者作为**私营**实体或在**商业**事务中从事的行为。④反对意见正确地指出，最高法院从来没有采纳限制豁免理论，因此在该意见的范围内，推断可以将这种理论施加于国家行为原则是没有任何司法依据的。

基于反对意见的分析，主权豁免原则与国家行为原则虽然在某些基本方面上是相关的，但是在各自的目标与适用方法上却是不同的，这一点仍然是确定的。⑤由于主权者作为主权本身的身份，外国主权豁免为作为

---

① Dunhill, 425 U. S. at 716.

② 同上。

③ 同上案，第719页。

④ 同上。

⑤ 重要的是要注意到，国家行为原则的必然结果，至少在国外商业的企业自由范围内，是规定由于具体的外国法令而被迫采取特定方式而行动之个人或法人实体将受到保护，如果他们的行为是主权者在其领土范围内进行的，并且主权者这一行为或不作为是在其地理政治上的领土内统治所固有的。主权命令本身的强制性导致保护源于国家行为原则的私人个人或实体（*See,e. g.*, Interamerican Refining Corp. v. Texaco Maracaibo, Inc., 307 F. Supp. 1291, D. Del. 1970）

被告的外国主权者提供了豁免权,而不需要任何进一步的分析或考虑。
当在国家行为原则的概念框架内分析时,这一标准值得强调。值得注意
的是,国家行为原则并不仅仅因为被告的身份而授予外国主权者豁免。
相反的,国家行为原则只是一个指示,就所争议的管辖权问题而向法院
建议可适用的实体法。

这一准则已由最高法院在桑巴蒂诺案中有力地阐述了,最高法院指
出,虽然国家行为原则"就尊重主权国家上与豁免原则一样,但它涉及
决定准据法(applicable law)规则的有效性的限制"。[①]国家行为原则植根
于古老的公理,该公理主张,主权者的行为,根据具体情况,应被视为
不受美国法院审理的**政治问题**。[②]在第一花旗银行(First National City
Bank)案中,[③]布伦南(Brennan)大法官简明扼要地确定了五点主张,即

[认为它是一个对反垄断诉讼的完整的抗辩,在该诉讼中,一家新泽西州巴约纳市(Bayonne)的
炼油厂使用委内瑞拉原油,监管机构希望能降低该原油的成本,因此强迫原告的供应商和贸易商
在委内瑞拉从事旨在针对原告的一致抵制。实际上,法院在这里指出,"当国家强迫一个行业的
做法时,企业没有选择,只能服从。商业活动成了有效的主权行为"](Dunhill, 425 U. S. at
1298,注18)。

此外,如果外国主权者一方对私营公司的具体行为或不作为所表达的只是单纯的制裁或政治
上的同情,这将不被视为足以确保保护私人实体的国家行为(*See* United States v. Sisal Sales
Corp., 274 U. S. 268, 1927)(否定了原告的主张,原告认为,在美国组织的旨在垄断到美国的
销售的共谋不受国家行为的保护,因为该共谋得到外国官员的赞许批准)。

在美国诉瑞士钟表制造商信息中心一案[United States v. The Watchmakers of Switzerland
Information Center, Inc.(Swiss Watchmakers),1963 Trade Cases P 70,60(S. D. N. Y. 1962)
中,具有决定性意义的是,被主权者强制的私人实体与私人个人符合官方正式批准的行为之间的
差异]。

最后,有需要加以强调的第三点。一个在特定情况下的最终判决,可被视为一个引发豁免的
国家行为。关于私人当事方在诉讼中的权利的司法声明通常不能解释为是主权者的行为,这基本
上得到公认。与这一准则相对应的是,法院的裁决本身并不构成主权者保护公益而使用的方法。

① Sabbatino, 376 U. S. at 438. 从"准据法"(applicable law)概念而非因主权者的性质
或者权利所引起的豁免角度来审视,关于国家行为原则的分析与使用外国主权豁免时的验证体系
是有显著差别的。如果两个国家没有一个条约来解决审判地或者法律选择问题,但仍明显的是,
国际法的最基本原则授予国家行为原则对延伸至主权者在其国家领土内从事的行为或不作为的有
效性推定。然而,外国主权豁免原则,不考虑案件的是非曲直,只是预先假定不能在联邦地区法
院对主权者提起民事诉讼。这两个原则之间存在实质、重大的差异。

② 同上。

③ First National City Bank v. Banco Nacional de Cuba, 406 U. S. 759, 788(1975).

考虑如何确定外国主权者在其领土内所从事的行为构成政治问题。^① 这五管齐下的标准简洁实用：（1）关于可以适用的国际规则没有达成共识；（2）条约或其他协定的标准模糊或者阙如；（3）外国主权者是否存在以及得到承认；（4）尊重国家问题的重要性；以及（5）行政机关的能力，以确保为所有可能被损害的美国公民获取公正和充分的救济。^②

　　将这些重大和实质性的差异与桑巴蒂诺案和伦敦阿尔弗雷德·登喜路案中所适用的推理以及方法相关的救济作为出发点考虑时，有必要注意到，这两个案件都没有分析支持**礼让**概念。桑巴蒂诺案尽管偏离性地援引了该原则，但是认为外国主权者在其领土内从事的行为，既影响了外国人，也影响了美国公民，非常符合国家行为原则，因而应将该原则予以适用，作为对所争议的征收问题的抗辩。在该案中，法院认为，该原则是可行的、有约束力的，即使声称所争议的征收（1）是出于政治报复；（2）未确立取得公正补偿的方法；（3）只是出于制裁的动机；（4）缺乏国际法的依据。事实上，前业主强烈主张，由于征收公然违反了国际法，国家行为原则完全不适用。虽然如此主张，但是该原则仍被认为构成了一个支持征收的绝对抗辩。

　　差不多12年后，改组后的最高法院^③非常熟悉桑巴蒂诺案的认定，认为其完全偏离了适用于国家行为原则的指导标准，并选择不是去分析该原则的目标和适用之间的重大差异，而是进行**司法克制**，根据外国政

---

① First National City Bank v. Banco Nacional de Cuba，406 U. S. 759，788（1975）.

② 同上。

③ 在桑巴蒂诺案（Sabbatino）中，最高法院的成员是大法官布莱克（Black）、布伦南（Brennan）、克拉克（Clark）、道格拉斯（Douglas）、哈伦（Harlan）、斯图尔特（Stewart）、沃伦（Warren）和怀特（White）。在登喜路公司案（Alfred Dunhill of London, Inc.）中，最高法院的成员是大法官布莱克曼（Blackmun）、布伦南（Brennan）、伯格（Burger）、马歇尔（Marshall）、鲍威尔（Powell）、伦奎斯特（Rundquist）、史蒂文斯（Stevens）、斯图尔特（Stewart）和怀特（White）。

府（本案中是古巴）并没有发布"制定法、法令、命令或决议"① 的新原则，不适用该原则。桑巴蒂诺案中的分析与伦敦阿尔弗雷德·登喜路案中多数意见的推理是完全不可调和的，在伦敦阿尔弗雷德·登喜路案的反对意见中，能找到两者之间的唯一联系。

实施并且公式化的转移该例外，即禁止将外国主权豁免原则适用于国家行为原则的指导标准，这并没有任何司法依据。这一概念错误弥漫在伦敦阿尔弗雷德·登喜路案的认定中，从而忽略了这**两个**原则的基本政策宗旨和特殊性。外国主权豁免原则有 7 项例外②，仅与一方当事人作为一个非主权或主权实体的诉讼地位有关。这种分析很简单，所要决定的是该实体是否已经被国际社会承认为一个主权者。③ 如果答案是肯定的，那么，下面的步骤是确定该行为是否为外国主权豁免原则的 7 项例外中的一项或多项所涵盖。

国家行为原则将自己限制于确定司法程序的基础是否由**政治问题**组成。这一分析已经产生了一个依据 5 个要件的精确标准。该标准不排除所争议问题的具体事实，以确定从事的行为是否能由私人而不是只能由主权者完全特有的行使主权来进行。在伦敦阿尔弗雷德·登喜路案的背景下，尽管"征收"行为只能由主权者从事，但是后者的认定并不足以证明适用该原则是正当的。不得不强调一点，国家行为原则不包括规定主权者的程序豁免，而是涉及确定可以适用于进行中的程序的法律。

奇怪的是，在伦敦阿尔弗雷德·登喜路案中的多数意见也没有引用

---

① Dunhill, 425 U. S. at 696.

② 对**国际社会**进行数学精度上的界定是不可能的。然而，一个有说服力的原则，如果不是指导性的话，是指那些得到联合国正式承认的各国。

③ 正如后面将要指出的，这些例外中最著名、最重要的是**商业活动例外**（commercial activity exception）。

管辖权（外国主权豁免）与准据法问题（国家行为原则）之间的区别。该法院确实强调需要提及这一区别，但却只是仅仅在脚注中顺便提了一下。① 因此，在忽略关于对国家行为原则适用的可行性进行综合性分析的目的上，或在外国主权豁免的管辖权背景下，武断地适用于界定一个具有不同适用方法并且与国家行为原则的目标具有显著区别的原则，这时，这两项原则是决定性的。在存在违反国际法的情形时，法院也拒绝了国家行为原则的适用。伦敦阿尔弗雷德·登喜路案中的分析表明，对主权者（古巴共和国②）的行为缺乏尊重在礼让原则中是根深蒂固的。

　　值得注意的是，法院没有基于构成一项义务的规范性法律原则而得出该意见。法院也没有忽略主权者参与诉讼，而且超越了肤浅的程度，确实引用了通常授予主权者的尊重。虽然如此，法院没有将礼遇概念作为其认定的前提。相反的，真正的决定性因素，可以在占据了义务和礼遇之间的领域的半阴影中找到，在新的司法空间中找到，这令法律分析可行并且需要考虑免于诉诸静态的原则，通过定义，这不能包含那些源

---

　　① 法院将自己对于这一非常重要的问题的意见限制如下：反对意见指出，主权豁免和国家行为原则是不同的，前者授予主权者"因其身份而免于被诉"，而后者"只是（告诉）法院适用于本案的法律是什么"。这可能是事实，即其中的一个原则是在管辖权范围上使用，而另一个则是在法律选择范围上使用；而且可能在某些案件中，这些原则指向不同结果。但是，行政部门主要致力于外交行为，不能认为每一个原则的合理适用都会涉及到衡量对我们的外交政策的损害，会在司法上侮辱给私人当事方造成损害的外国主权者，粗暴地遵从豁免会让私人当事方无法得到救济，从而会对国际贸易造成损害。关于这一点，可以比较墨西哥诉霍夫曼案（Mexico v. Hoffman，324 U. S. at 35—36，主权豁免）与古巴国民银行诉桑巴蒂诺案（Banco National de Cuba v. Sabbatino，国家行为，此处省略引用）。**美国国务院认为，在商业舞台上的商人需要"拥有法院确定其大于外交政策的任何损害的权利"**。这个结论是在主权豁免的管辖问题背景下得出的。在国家行为的法律适用背景下，我们得出同样的结论。Dunhill，425 U. S. at 706，n. 18（黑体部分是着重强调）。

　　② 应当指出，与桑巴蒂诺案相反，在该案中，古巴共和国因其机构（古巴美洲外贸银行）成为隐含的一方当事人，而在本案中，古巴共和国在这里本身就是作为被告、接收人而参与诉讼的实际当事人。这种公式化的姿态，没有更多，强调要详细深入地研究所争议的事实，特别是当诉讼的一方当事人是一个实际的主权者而不是具有代理人或机构身份的主权者的代表。

于界定每一案件具体事实的不同的司法和准司法概念。①

（七）取证与《海牙取证公约》

义务和司法礼遇之间的空间很少能比在国际诉讼背景下取证更受到普遍侵犯的了。在这一点上，法国国家航空宇航公司诉美国爱荷华南区

---

① 1990 年，最高法院对柯克帕特里克诉国际环境构造公司案（*Kirkpatrick & Co. v. Environmental Tectonics Corp.*, 493 U. S. 400，1990，以下简称柯克帕特里克案）作出判决，这是其对国家行为原则最近的声明。在柯克帕特里克案中，被告（柯克帕特里克）通过贿赂而获得一份在尼日利亚的空军基地建造并装修一个医疗中心的合同。原告（环境构造公司）是另一个投标人，一得知贿赂后，就立即根据《反海外腐败行为法》（Foreign Corrupt Practices Act）而向在拉各斯（Lagos）的美国大使馆报告。美国联邦调查局进行了调查，刑事检控随后而来。与刑事程序并行的是，原告在联邦地区法院对柯克帕特里克提起诉讼（同上案，第 402—403 页）。联邦地区法院要求并收到了美国国务院关于对国家行为原则适用的意见，决定继续审理案件，进行简易判决。法院驳回了该诉讼，认为国家行为原则适用于这样的情形，即判断外国主权者的动机可能会引起外国主权者的尴尬或者对美国的外交关系政策构成障碍（同上案，第 403 页）。第三巡回上诉法院表示了不同的意见，并以国务院的意见为基础而认定，对外国主权者的行为的司法干预不会干涉美国的外交政策，因为在该案件中没有任何一方请求撤销所争议的行为，从而推翻了地区法院的裁决（同上案，第 403—404 页）。

最高法院推翻了第三巡回上诉法院的判决，安东尼·斯卡利亚（Antonin Scalia）大法官撰写了判决书。法院对所面临的问题作了界定，认为"国家行为原则是否禁止美国法院裁判诉因，并不取决于外国主权者主张其官方公务行为的有效性，但确实要求禁止对在履行这样的官方行为中外国官员的非法动机（获取贿赂）进行归咎"（同上案，第 401 页）。在回答这个否定性询问时，法院首先对自己的先例进行了比较详细的分析，并承认解决国家行为原则的法理已经从首先源于"国际礼让"（奥金案，Oetjen）概念演化并发展到权力分立（桑巴蒂诺案，Sabbatino）（同上案，第 404—405 页）。此外，法院将本案与其他案件的判决意见作了区别，认为法院对该请求或抗辩的裁判并不要求认定所争议的官方行为到底是有效还是无效（同上案，第 406 页）。对于这样的主张，即认为考虑礼让扩大到外国主权国家的行为是不考虑其**有效性**或**合法性**而只考虑其**动机**，法院并不认同（同上案，第 408 页）。在结论中，法院解说说，"国家行为原则并不对可能引起外国政府尴尬的案件和争议确立例外，而只是要求，在决定的过程中，外国主权者在其管辖范围内所采取的行为应视为有效。这一原则并不适用于本案，因为对外国主权行为的合法性没有争议"（同上案，第 409—410 页）。

尽管本案在一定程度上澄清了该原则在基于外国主权者的公共行为的潜在动机而援引该原则作为抗辩的情形下的适用，这还体现出确认这一趋势，即将国家行为原则与其在礼让与和解中的起初根源进行区别，并将这一原则的分析建立在权力分立的前提上。正如高洪柱教授所指出的，"基本的法律分析……应该予以尊重，但不能盲目服从于行政部门的意见"。Harold Hongju Koh, *International Business Transactions in United States Courts*, 261 Recuil de Cours 9, 231（1996）（还指出，外国主权豁免、国家行为原则以及条约的解释是法律问题而非政治问题，应由法院解决）。

联邦地区法院（Societe Nationale Industrielle Aerospatiale v. US District Court for the Southern District of Iowa）具有雄辩的说服力，并且无论如何都必须被视为一个开创性的发展。① 在该案中，最高法院将所面临的问题确定为"在当事人寻求从法院拥有对人管辖权的法国对手中获得证言②、文件③和允许④时，在何种程度上联邦地区法院必须采用《公约》⑤所规定的程序"。⑥ 诉讼答辩后，被告寻求禁止原告进行证据开示。这一动议建立在这样的主张基础之上，即被告是"法国公司，而且所寻求的证据开示只能在外国即法国才能找到，《海牙取证公约》对审前的证据开示规定了必须遵守的专门的程序"。原告也承认，根据法国刑法，禁止被告对证据开示要求进行响应，如果这样的要求并不在《海牙取证公约》的范畴之中。

联邦治安法官驳回了该寻求保护令的动议，并且指出：允许《海牙取证公约》凌驾于《联邦民事程序规则》之上将有损法院的利益，特别是在产品责任案件中保护美国公民免受有害产品的侵害并就因使用这些

---

① Societe Nationale Industrielle Aerospatiale v. US District Court for the Southern District of Iowa, 482 U. S. 522 (1987) .

② See Fed. R. Civ. Pro. 33.

③ See Fed. R. Civ. Pro. 34.

④ See Fed. R. Civ. Pro. 36.

⑤ "公约"一词指的是《海牙取证公约》。《关于民事或商事案件国外取证公约》（The Hague Convention on The Taking of Evidence Abroad in Civil orCommercial Matters）于1970年3月18日开放签署，23 U. S. T. 2555, T. I. A. S. No. 744.

⑥ Societe Nationale Industrielle Aerospatiale, 482 U. S. 522. 在本案中，原告是一家根据法国法组建的法国公司［第一被告法国国家航空宇航公司是一家属于法国政府的公司，第二被告法国兴德旅游建筑器材飞机（Societe de Construccion d'Avions de Tourism）是第一被告的子公司］。两名被告都从事飞机的设计、制造和营销业务。根据原告所说，被告在美国公开打广告，声称其"团结"号（Rallye）飞机为"世界上最安全和最经济的短距离起降轻型飞机"（同上案，第525页）。正如人们可以听到这样雄心勃勃的推测和大胆的声明，1980年8月19日，一架"团结"号飞机在爱荷华州坠毁，飞行员和乘客受伤。对此事故，三名受害人分别独自在美国爱荷华州南区联邦地区法院提起诉讼。这些原告指控被告生产并在商业领域销售的飞机存在缺陷，因此被告应基于过失和违反保证理论而承担责任。这三起案件被合并，由一名法官审理，并根据《美国法典》第28编第636条第3款第1项［28 U. S. C. §636 (c) (1)］而提交给一名联邦治安法官（同上案）。

产品而引起的损害进行赔偿的利益。①

根据上诉人提交的命令令状（writ of mandamus），第八巡回上诉法院认为，"当地区法院对外国当事人拥有管辖权时，《海牙取证公约》并不适用于为该当事人所占有的证据的提交，即使寻求的文件和信息可能在物理上位于该公约的外国缔约国领土内"。②

值得注意的是，第八巡回上诉法院拒绝了这一主张，即国际礼让的考虑要求原告先用尽《海牙取证公约》列出的这些程序，只有在万不得已时，被告才能诉诸《联邦民事程序规制》。第八巡回上诉法院阐明的是，推翻外国法院发布的拒绝提交文件的命令，更会损害将增进国际礼让的考虑上所获得的任何好处。③ 在这种情况下，第八巡回上诉法院的结论是，以法国的刑法为基础的反对应该是两步分析的一部分。首先，要考虑到禁止提交文件的命令是否合适，即使遵守该命令将违反法国的法律。其次，同样有必要决定，如果被告不能遵守该命令，会有什么制裁。上诉法院认为，治安法官已圆满解决了第一步询问，但是回应第二步询问的时机还不成熟。

在探究了《海牙取证公约》的起草和签署的历史背景并认真研究了支配其实施的材料后，最高法院维持了第八巡回上诉法院的判决。尽管如此，最高法院认为，有必要分析《海牙取证公约》与美国《联邦民事程序规则》（第26条、第33条、第34条和第36条）有关的提交文件和信息条款之间的关系。法院提出这个主张，部分原因是因为对于《海牙取证公约》与美国《联邦民事程序规则》有关的提交文件和证据开示之

---

① Societe Nationale Industrielle Aerospatiale，482 U. S. 522.
② 同上案。第八巡回上诉法院不同意被告的主张，被告认为这样对条约的解释无异于剥夺从《海牙取证公约》的所有实质性意义。在这里，第八巡回上诉法院指出，该公约还服务于从非诉讼当事人处取证的非常有用的职能性机制目的。
③ 同上案。

间的关系，存在着至少 4 种得到公认并使用的解释。①

在阐明这 4 种对公约的解释的性质和特点后，最高法院认为，它不能"接受申诉人宣布新的法律规则的邀请，这将要求首先诉诸公约的程序，无论什么时候从外国当事人处寻求证据开示"。② 法院指出，"假设我们有这样做的立法权（制定《联邦民事程序规则》），我们认为，这样的一般规则将是不明智的。在许多情况下，该公约授权的请求书将过于昂贵费时，并且与直接适用联邦规则相比，提交所需要的证据也不那么确定"。③

总之，最高法院的结论是，长期"承认在涉及外国国家的诉讼中礼让的要求，无论是作为诉讼当事人还是作为诉讼中具有协调利益的主权者……对于外国诉讼当事人因其国籍或营业地遇到的任何特殊问题以及外国国家所表明的任何主权利益，美国法院因而应注意恰当地予以尊重。我们不确定具体规则来指导这一微妙的裁决任务"。④

---

① 已经总结出 4 种解释。第一，在证据位于外国缔约国的管辖范围内时，《海牙取证公约》**完全**取代并优先于《联邦民事程序规则》，而且这些证据是在美国法院专用的。第二，《海牙取证公约》倾向于被解释为先适用，但并非是排他性适用。第三，根据对《海牙取证公约》的解释，据此，它**补充**了《联邦民事程序规则》，而《海牙取证公约》的职能性方法仅仅是一个可以由双方自行决定使用的选择。第四，《海牙取证公约》可以被看做是外国主权者旨在促进提交文件和披露信息的工具，这样在研究了具体案件的具体事实以及当事人的特殊性质以及外国主权者的利益后，美国法院应该诉诸《海牙取证公约》（同上案，第 533 页）。

② Societe Nationale Industrielle Aerospatiale，482 U. S. 522，p. 542.

③ 同上案。法院指出，通过一项在所有情况下命令首先采用该公约的程序的规则，不利于《联邦民事程序规则》，并因此不利于"'公正、快捷、廉价的裁决'我们法院中的诉讼的压倒一切的利益。参见《联邦民事程序规则》第 1 条"。

④ 同上案，第 545 页。即使对礼让适用的标准没有达成共识，《美国对外关系法重述（修订）》第 437 条第 1 款第 3 项也对任何的礼让分析列出一个有用的测试：

"（1）所请求的文件或其他信息对诉讼……的重要性；

（2）请求的具体程度；

（3）该信息是否产生于美国；

（4）获取信息的替代手段的可行性；以及

（5）不服从该请求对美国重要利益的损害程度，或者遵从该请求对信息所在州的重要利益的损害程度。"

值得注意的是，这一规则是有益的，值得赞扬，促进地区法院对证据开示或者取证的礼让分析的裁决，它既不赐予礼让，也为公平起见，不打算做任何实质意义的其他事情。

作为一项统一原则的礼让

最高法院对法国国家航空宇航公司案的认定是令人不安的。尽管其援引了需要在证据开示的礼让分析中遵循的标准[1]，法院却回避塑造**任何**组织原则，用以调整《海牙取证公约》和《联邦民事程序规则》之间在国际证据开示背景下的关系。恰恰相反，法院的分析所依据的概念是礼让原则完全陌生的[2]，并且基本上是建立在实用的商业合同解释分析前提

---

[1]　Societe Nationale Industrielle Aerospatiale, 482 U. S. 522.

[2]　值得注意的是，法院辛辛苦苦、花了大力气将该公约解释为仅仅是一个合同，因此，着重分析比较表面的合同解释工作，侧重于历史和文本的通常含义。这种方法有充足的先例，但在国际舞台上却很少。*See, e. g.*, Transworld Airlines, Inc. v. Franklin Mint Corp., 466 U. S. 243, 253 (1984)（在国际背景下适用标准合同解释规范）；Ware v. Hylton, 3 Dall. 199, 240—241 (1796)；*Air France v. Sachs*, 470 U. S. 392, 397 (1985)（认定该条约的历史、谈判以及各方采取的解释可能具有关联性。）（引用 *Choctaw Nation of Indians v. United States*, 318 U. S. 423, 431—432, 1943)。

上。这样的推理与认定必然不会给地区和上诉法院任何指导和鼓励，在一定程度上，礼让分析仍然适用，这样做而不考虑确定的原则以及适用于每一个案件的特殊性的因素。

本来对执业律师和法官更大的协助是一个理性的判决意见，不仅强调在国际私法中礼让的重要性，而且也寻求在这一领域发展新的礼让法理。① 在**义务**和**礼遇**之间，不仅仅是没有适用于基于每一方当事人组织的具体事实的特定案件的程序和实体规则。如果礼让原则要在国际私法中发挥重要的和实质性的作用，必须提高到这样的地位，即**"和解的信条"**（precept of reconciliation），将不同的法律传统与文化的规范和习性以及国际社会各成员之间的外交关系利益和谐地交汇"。只有让礼让原则具有实质性内容，努力调和这些不同的前提，并且促进国际民事争议裁判中的**可预见性、统一性、意思自治、合理性和司法克制**。礼让应该是**统一的原则**，组织和协调各种理论和程序的原则，它们构成了美国国际私法程序的基本框架，并且在共同的前提下团结它们，目的是协调不同的利益、不同的法律文化以及转变地缘政治的迫切需要。

---

① 在一篇论证非常充分的文章中，作者已经指出，国际礼让往往"被误解"并且"用的很烂"，因为法院利用该原则的目的是讨论政治问题。笔者认为，国际礼让应作为"要求考虑法院所在国和国际体制在创造一个顺利运作的争议解决机制的实际需要"的原则而得到利用。Steven R. Swanson, *The Vexatiousness of a Vexation Rule*：*International Comity and Anti - suit Injunctions*, 30 GEO. WASH. J. INT'L. L. & ECON. 1, 14（1996）. 这种"包罗万象的礼让"（comity inclusive）做法与主张彻底废除礼让原则的主张大不相同。*See, e. g.*, Daniel Tan, Anti - Suit Injunctions and the Vexing Problem of Comity, 45 *VA. J. INT'L L.* 283, 301, 205. 笔者强调礼让的"千变万化"的性质，并且认为礼让（1）内在的是不确定的；（2）缺乏可预见价值；（3）特定情况下偏离衡平分析；以及（4）不容易"作为一个重要的实质性因素，因为法院在决定是否批准或拒绝衡平命令时不习惯考虑礼让"。

虽然这样的分析有助于确定源于礼让概念的适用的不一致，礼让概念没有任何实体要件，超越了美国最高法院第一次引用时的一般定义，未能评估从将该原则作为一项和解的组织原则的适用所产生的后果，只能通过考虑以下这些因素而适用，例如（1）当事人的利益；（2）美国的利益；以及（3）维护和发展在**统一性、可预见性、合理性和司法克制**基础上的国际法律制度的国际社会的利益。

在法国国家航空宇航公司案中，反对意见巧妙地弥合了多数意见的观念差距。① 这些持反对意见的大法官寻求为礼让提供实质性内容和规则：

> 支持国际合作符合我们的利益时，我们支持礼让，而实际上礼让不只是这样一个空泛的政治关切。相反，它是一个原则，据此，司法判决反映了相互宽容与善意的系统性价值。② 正如在法律选择分析中一样，从一开始就一直与国际礼让相连接，礼让分析的门槛问题是国内法与外国法之间实际上是否有真正的冲突。有冲突时，法院应寻求合理地调和双方法律中的中心关注点。在这样做时，应进行三重分析，即考虑外国的利益、美国的利益以及在国际法律制度中顺利运作的所有国家的共同利益。③

值得注意的是，反对意见评论了尊敬的斯托雷（Story）大法官为了表达"一国在另一国领土内的法律义务的真实基础与程度"而如何运用**"各国的礼让"**（comity of nations）一词。④

斯托雷大法官解释说，"管理国际法所必需依靠的真正基础是那些调

---

① 大法官布莱克曼（Blackmun）、布伦南（Brennan）、马歇尔（Marshall）与奥康纳（O'Connor）发表了反对意见。

② Harold G. Maier, Extraterritorial Jurisdiction at a Crossroads, 76 *AM. J. INT'L L.* 280, 281—285 (1982); Joseph Story, *Commentaries on the Conflict of Laws* §§ 35, 38 (Am. Bigelo Ed. , 1883).

③ Societe Nationale Industrielle Aerospatiale, 482 U. S. 522 at 555. 反对意见也批判性地指出，多数意见让法院、执业律师以及评论人在分析礼让时没有任何规则或者标准。在这一点上，反对意见雄辩地指出：礼让原则导致更明确的规则而不是多数意见所赞同的临时性方法。法院声称，礼让概念需要对每一个具体案件中的利益进行个案分析，从而决定是否适用该公约。但是，礼让原则不存在任何需要逐案分析的固有因素。在诸如选择法院地、海商法以及外国主权豁免这样的领域，经常有依据礼让分析来采用一般规则以涵盖一般性的情况，但是法院没有在这里阐述任何放弃这种方法的原因（同上书，第554页）。

④ Joseph Story, *Commentaries on the Conflict of Laws* § 38 (Am. Bigelo Ed. , 1883).

整源于共同利益和效用的规则，在源于相反的原则造成的不方便以及从事正义的道德必要性的意义上，这样做是为了正义可以回报我们"。①

反对意见特别注意到源于普通法系和民法法系（大陆法系）传统在取证上所使用的不同方法而产生的冲突。

因此，在关于提交文件和披露信息的《联邦民事程序规则》与《海牙取证公约》在这一领域之间的关系上，需要一个灵活的框架，但具有实质性内容，以尽可能调和不同主权者和不同法律传统与文化之间的不同利益，有时这些不同会在从当事人和非当事人处取证上产生冲突。在民法或大陆法传统中，司法人员通常负责从当事人和非当事人处以文件和证言的方式取证。这种方法与普通法传统形成鲜明对比，后者让当事人而不是法院负责提交文件和收集信息，当事人依据的程序规则可能被认为过于灵活并富有侵略性。②

通过国际诉讼镜头来看，关于证据开示的《联邦民事程序规则》的适用，构成了关于经典和传统的领土主权原则的攻击，根据主权原则，每一个主权者对其领土内的政府权力的行使享有垄断的权力，不希望另一个主权者未经其同意之前卷入外国主权者在其领土内的任何司法行为。③ 反对意

---

① Joseph Story, *Commentaries on the Conflict of Laws* § 38 (Am. Bigelo Ed. , 1883) .

② 根据《联邦民事程序规则》第 26 (a) 条，每一个诉讼当事人有义务向对方提供 (1) 与诉状中形成的案件事实可能相关的每个人的姓名与联系方式；(2) 在当事人控制或保管下的与争议事实有关的所有文件的副本或描述；(3) 当事人对所声称的损害赔偿的计算；(4) 任何可能为本案中所提出的主张相关的提供保险的保险合同。第 26 (b) (1) 条甚至更重要。该条款规定，当事人可以就任何不受特权保护的事项寻求证据开示，但要求与诉状中所组织的诉讼中的问题相关。*See* Fed. R. Civ. Pro. 26.

③ 在 1812 年的斯库纳交易号诉麦克法登案（The Schooner Exchange v. McFaddon, 7 Cranch 116, 136, 1812）中，首次阐明了这一范式，大法官马歇尔所界定的概念如下：

一国在自己的领土内的管辖权必然是排他性的、绝对的。它本身不受任何限制。对它的任何限制，源于外部来源的有效性，将意味着克减其主权至受限制的程度，而且只有同样程度的主权才能施加这样的限制。

因此，一国在自己的领土内全面和完整的权力的所有例外必须得到该国本身的同意。除此之外没有任何其他合法来源（同上）。

见明确引用了美国代表团参加海牙国际私法会议第 11 次会议的观点，美国代表团承认，在民法法系国家，取证可以被解释为公共司法行为，而外国个人或实体无权从事这些行为。① 这一通常问题的必然后果不容易辨别。举例而言，美国法院发布了一项关于在外国管辖区内的财产的中间命令，这可能会构成对界定主权的传统范式的侵犯。②

在该公约的起草协商会议上，这个问题位于讨论前列。这个过程没有给起草人任何其他选择，只能试图调和对抗制与纠问制之间的显著差异。这项任务明确突出了需要调和的悖论。在这点上，就融合关于证据开示的《联邦民事程序规则》与《海牙取证公约》而言，可以塑造出什么样的统一原则？

反对意见直接而明确地处理了这一问题，并确定了整合进入该公约的取证的职能结构的 3 项美国基本利益。首先，反对意见指出，"美国在这方面的主要利益是提供有效的程序，使当事人能在国外取得证据"。③

其次，有人表示，美国在公平对待诉讼的各方当事人上有重要利益。至于这方面，反对意见质疑了多数意见的说法。多数意见认为，该公约的使用将不可避免地造成不对称待遇，会有利于外国人，他们能够利用体现在《联邦民事程序规则》之中的自由的证据开示标准，而美国公民将仅限于大多数民法法系国家中颁布的更严格的证据开示和披露标准。在这里，反对意见解释说，法院很荣幸"'作出正义所要求的任何命令'来限制证据开示，包括仅仅根据具体条件和条款才能允许证据，尤其是在

---

① Societe Nationale Industrielle Aerospatiale, 482 U. S. 522 at 557.

② 反对意见正确地评论说，"不像普通法的做法，强调诉讼当事人有义务在审判中获取并提交证据，民法法系国家认为，获取证据主要是法院的问题，当事人在协助司法当局上居于从属地位"（同上案，第 557 页）。

反对意见继续指出，"参与起草该公约的许多国家认为，即使是从自愿的证人处提取非司法证据都是侵犯主权"（同上案，第 558 页）。此外，反对意见继续解释说："一些国家还认为，需要保护某些潜在的实质性权利，这要求对取证进行司法控制（引用德意志联邦共和国作为例子）。"

③ 同上案，第 561 页。

某些事项上证据开示的方法或限制范围"。①同样的，反对意见明确指出，多数意见错误地集中于"当事人的**国籍**，而实际上与该公约使用有关的是证据的所在地：外国诉讼当事人尝试从美国诉讼当事人的外国部门机构中获取证据，可能还需要诉诸该公约"。②

再次，对礼让的分析最终涉及决定是否存在一种方法，可以促进并且不影响有序的国际法律体系的发展。③这些是所有国家共同的利益。

与反对意见的分析相一致，该公约促进发展出了多种方法，为跨国诉讼的发展作出了贡献。其中一个特点是，该公约的当事方没有必要依靠外交官员，直接与对方就有关的文件提交和信息披露过程中特有的证据开示争议进行沟通。当事方之间直接沟通的能力表明，在解决更普遍的证据开示争议上，沟通是有意义的。同样的，美国法院对外国使用的司法方法表现出没有经验或麻木不仁，尤其是在取证领域，法院利用该公约，本身应能避免出现偏见和不公正现象。可以理解的是，当外国主权者对美国的经济、政治和军事影响感到害怕，选择不去挑战美国在这一领域的中间禁令时，这个问题就更加复杂了。④

---

① Societe Nationale Industrielle Aerospatiale, 482 U. S. 522 at 566.

② 同上案。

③ 一个国际法律体系是一个必须能裁判跨国争议并促进具体目标的原则，没有它们，这样的体系就不能奏效。例如，统一性、可预测性、意思自治、司法克制、合理性是促进跨国商贸以及根据明确界定的期望和互惠而促进稳定的动力（同上案，第 522 页）[引用 Laker Airways, Ltd. v. Sabena, Belgium World Airlines, 731 F. 2d 909 (1st Cir. , 1984)]。

④ 苏联解体后，对"第二"和"第三"世界国家的指定在某种程度上是适当的名称，但如果认为它们在国内政策、外交政策、经济结构和社会分层上并不受到深刻影响，就显得天真了。通过 5 个国际组织，这些国家的自主权当然不会没有美国的影响：(1)"世界银行"（"国际复兴开发银行"）；(2)"国际劳工组织"（简称为 I. L. O.）；(3)"世界卫生组"（简称 W. H. O.）；(4)"国际货币基金组织"（简称 I. M. F.）；以及 (5)"世界贸易组织"（简称 W. T. O.）。就其内部运作而言，尽管这些组织在理论、实践和运作中表面上是"政治无涉"（apolitical）和"中立"（neutral）的，为"第二"和"第三"世界服务，实际的情况则不是。美国是其中的主角，比联合国的任何其他成员的影响力更大。举例来说，就世界银行和国际货币基金组织而言，已经有文件记录有关"限制性问题"（the problem of conditionality）的多起事件。基金组织的治理规则（Rules of Governance）强调，禁止基金组织干涉其主权客户的内政。然而在实践中，可以看到对

这种行为累积效应通常导致敌意、怨恨，在关键问题上，并不会存在与外国国家的长期合作。然而，所有这些问题最终可以完全避免，美国只要遵守该公约。在成为该条约的缔约国之后，美国马上就有义务遵守该公约规定的条款。①这里只是敦促联邦法院履行这些美国必须尊重的义务，保持司法和学术上的诚信。②这个命题是简单的，至少在形式上是这样。

(一) 礼让与和解的三个要件

存在一个可以在这组织全面检讨的统一原则吗？更重要的也许是第二个问题，它加剧并且最好地界定了第一个问题：一个统一的原则能培

这一规则的违反。同样的，这些组织的**"民主化"**（democratization）不仅是所期盼的，而且是必须的。值得注意的是，总裁和这些机构的高层管理人员儿乎无一例外都是西方工业化国家的公民，而不是他们所声称的为其服务的国家的代表。这个问题在《全球化的许诺和失落》（*Globalization and its Discontents*）一书中有相当详细的阐述，该书由诺贝尔经济学奖得主、哥伦比亚大学教授约瑟夫·斯蒂格利茨（Joseph Stiglitz）所著。为求完整起见，应该指出，斯蒂格利茨教授在这本著作中的看法并不是没有合理的批评。*See, e. g.*, Kevin C. Kennedy, A Review of Globalization and its Discontents, 35 GEO. WASH. *INT'L L.REV.* 251（2003）.

① 大众汽车诉谢兰可案（Volkswagenwerk Aktiengesellschaft v. Schlunk, 486 U. S. 694，1988）是另一个生动的例子，最高法院**完全无视**美国所承担的有关的国际条约的法律义务，在该案中所涉及的是解决民事商事司法和司法外文书的通知和传递的 1965 年 11 月 15 日《关于向国外送达民事或商事司法文书和司法外文书的公约》（简称《海牙送达公约》），在该案中，原告在伊利诺伊州对德国大众汽车公司提起诉讼，但并没有根据该公约对德国被告进行送达，而是送达给其在美国的子公司。伊利诺伊州法院认为，根据另一个自我理论（an alter ego theory），子公司的行动对德国母公司具有约束力。美国最高法院确认了伊利诺伊州法院的裁决。在其作出的判决中，尽管承认《海牙送达公约》使用**强制性**而非**许可性**的语言，但是认为适当的送达方法是受审判地的法律调整，而且公约只是为方便送达司法文书服务的（同上案，第703—705页）。大法官布伦南（Brennan）在反对意见中强调，该公约的起草者寻求解决并且从而避免法院所得出的结论（同上案，第710—711页）。在该案中，没有过分顺从美国当事人的自主性，据此，他们将起诉在美国的外国人，法院应以和解为基础进行分析，根据美国的利益以及送达给外国公民的外国主权者的利益，加上被告遵从该公约的程序的负担来作出判断。*See* Harold Hongju Koh, International Business Transactions in United States Courts，261 *Recuil de Cours* 9，187（1996）.

② Kevin C. Kennedy, A Review of Globalization and its Discontents, 35 GEO. *WASH. INT'L L.REV.* 251（2003）.

养**统一性、确定性、可预见价值、意思自治、合理性以及司法克制**的基本准则吗？这已经被承认为是美国对国际私法的程序贡献。对第一个问题的答案是既"是"又"没有"。对第二个问题的反应与第一个不会有什么不同。

对最高法院五个判决意见的个案研究已经相当深入了。[①] 除了每个案件的具体事实，还集体讨论了（1）一起国际争议，引起外国发布了中间命令；[②]（2）外国主权者拒绝发放护照给在该国领土内工作的美国公民；[③]（3）在何种程度上，外国颁布的行政命令和立法进行的征收以及合同主要条款的变更可能受到美国法院的挑战，如果该没收或征收发生在该外国领土内，但没有签发一项法令、决议、立法或其他司法判决，将引发国家行为原则的适用；[④] 及（4）调整《海牙取证公约》"取证"与《联邦民事程序规则》对同一问题的规定之间的关系的规则与准则。[⑤] 这些问题的背后似乎有一个共同的努力，纳入有时似乎是元司法（meta - juridic）的原则，以平衡似乎是经常不可调和的各原则。

在希尔顿诉盖特案和昂德希尔诉埃尔南德斯案中，最高法院似乎作出了非凡的努力，试图塑造一个验证体系，将有助于不同法律制度的融合与和解，而同时以将产生可预测性、一致性和确定性这样的方式来达到，这样最高法院的判决意见，不仅符合而且实际上推进了美国的外交政策。显然，这两个判决意见与斯托雷大法官的著作发生在同一时期，而且受其思想的影响。这一努力超越了在**权利**（right）与**实在法**（positive law）之间进

---

① Hilton, 159 U. S. 113 (1895)；Underhill, 168 U. S. 250, (1897)；Sabbatino, 376 U. S. 396 (1964)；Dunhill, 425 U. S. 682 (1976)；Societé Nationale Industrielle Aereospatial, 482 U. S. 522 (1987)．

② Hilton, 159 U. S. 113 (1895)．

③ Underhill, 168 U. S. 250 (1897)．

④ Dunhill, 425 U. S. 682 (1976)．

⑤ Societé Nationale Industrielle Aereospatial, 482 U. S. 522 (1987)．

行重大划分的古典范式。① 这五个案例研究结果表明，需要用礼让概念作为一个统一的原则，既不依靠**实在法**也不依靠**自然法**。这种礼让的第一原则必须是发展国际私法的民事程序框架，植根于作为决定性准则的**和解**概念。② 在这个领域的普通法的分析表明，支持整合外国原则与美国民事程序经典

① 在法国，权利（droit）和法律（loi）之间的区别仍然是法国民法法理的重要组成部分。同样的，在德国用 recht 和 gesetzt 表示同样的概念。实在法在这里定义以成文法形式作为最后的表达的立法。所有实在法的规范基础是实际的立法过程，即程序，据此，立法建议最终以立法的形式表现出来，制定成为法律。因此，立法具有约束力，原因在于其程序的历史，而不是其内在的内容。因此，根据实证主义法学理论，法律与一般由社区共享的基本原则相反，即一个"坏"或"不道德"的法律仍然必须遵循和服从。合法性是实在法规则或分析的程序的产物。在社会政治方面，英国殖民统治下的印度最著名，实在法直接受到挑战，声称尽管在实际的立法程序上，"坏"或"不道德"无可指责，但是如果这样的立法构成对人类尊严的侮辱或剥夺了公民那些"不可剥夺的权利，如自决的权利、自卫权以及私人财产权"，那么就无需遵守。*See* M. K. Gandhi, *Non - Violent Resistance* (*Satyagraba*) (Dover Publications, 2001).

通过对比的方式，recht 和 droit 的概念并不因不顾其内容而进行的编纂或立法过程而取得合法性或规范性的基础。这里的过程是无关合法性和规范性的。在这个问题上的文献汗牛充栋、发人深省、经典辈出。一般而言，学者和评论家试图依据自然法的理论基础对这些规范赋予概念内容。作为经典的例子，参见柏拉图的《共和国》、康德的《论永久和平》、黑格尔的《法哲学原理》、《自然法》与哈特的《法律的概念》以及凯尔森的《国际法原理》的对比。*See*, as Classical Examples, Plato's The Republic; Perpetual Peace by Immanual Kant; Principles for a Philosophy of Right by G. W. F. Hegel; Natural Law by G. W. F. Hegel; The Concept of Law by H. L. A. Hart c. f. Introduction to the Problems of Legal Theory by Hans Kelsen; Principles of International Law by Hans Kelsen.

值得注意的是，不能根据这些理论对礼让概念进行分类或解释，礼让还没有上升到**义务**的程度，礼让这个概念没有任何实在法的规范强制性。同样的，单纯的**礼遇**意味着不比给予外国的最终判决、法令或中间命令以"尊重"更多，在这个程度上，礼让不比礼遇少，而礼让缺少自然法最根本的规范性要件，后者要求普遍适用而不考虑诸如在其适用或形成中的静态方法这样的"附带问题"（collateral issues）。即使是对那些声称是以礼让观念为前提的最高法院的判决意见最草率的分析，可以表明礼让分析必须包括以下 4 个基本考虑：（1）美国外交政策的目标和利益；（2）外国主权者的国际和国内利益；（3）国际社会在促进合理的国际法律秩序上的共同利益；以及（4）（不限于）两个法律制度在实体内容和程序上的融合。这些务实因素的考虑并不为**自然法或实在法**的古典传统理论所涵盖。

② 在海牙国际法学院发表的演讲中，劳温菲尔德教授提出了一个国际私法程序的"合理性"原则。Andreas F. Lowenfeld, International Litigation and the Quest for Reasonableness, 245 *Recuil de Cours* 9, 292 (1994). 根据这一"合理性"准则，法院或国家必须尊重其他国家的利益与价值观、私人的利益，但不是抽象的主权利益（同上书，第 293 页）。这一原则与这里提出的**礼让或和解**概念并没有太大的不同。作为对"合理性"原则的妥善适用的实例，劳温菲尔德教授援引了有关外国当事人的信息披露的《对外关系法重述》第 422 条。根据第 442 条，法官在决定是否命令从属于法院管辖的外国当事人提交文件必须首先考虑这些因素：（1）该文件相对于案件的是非曲直的重要性；（2）提交申请中提出的具体性；（3）该信息的起源；（4）获得相同信息的替代方法的途径；以及（5）信息所在的外国法院和主权者的利益（同上书，第 249—250 页）。

原则的全球化的表现可圈可点，尤其是在文件提交和信息披露领域。

（二）意思自治：国际背景中合同自由的规范性价值——不来梅号案与礼让

在美国国际私法程序中，**意思自治**的概念是与礼让和司法克制原则一样突出的。作为一项程序性原则，意思自治最早在 1972 年由最高法院进行阐述[①]，但其具有相当悠久的历史，而且之前各个巡回上诉法院之间的判决意见相互冲突。[②] 不来梅号诉萨帕塔离岸公司案（M/S The Bremen v. Zapata Off‐Shore Co.）的立场其实是开创性的，其决定性前提是新的国际经济性质的视野。的确，最高法院认定，美国是全球性的商业交易的主角，有必要制定相应的法律体系。在该案中，在全球化实现的 30 年之前，阐述了要求制定可适应世界经济的规则。

法院所面对的是合同中的法院选择条款，规定"所引起的任何争议应提交伦敦法院处理"，当合同的美国当事人在美国联邦地区法院对另一方当事人（一家德国公司）提起诉讼时，法院要决定该条款是否起作用。[③] 原告萨帕塔离岸公司（Zapata Off‐Shore Company，简称"萨帕塔"），总部设在得克萨斯州的休斯敦，被告翁特韦泽（Unterweser）是一家德国公司，从事运输海洋石油钻井业务。1977 年 11 月，原告与被告签订一份合同，约定由被告将属于原告的查帕拉尔号（Chaparral）从路

---

① M/S The Bremen v. Zapata Off‐Shore Co. , 407 U. S. 1 (1972) .

② 比较 Carbon Black Export, Inc. v. The Montrosa, 254 F. 2d 297 (5th Cir. 1958) 和 The Ciano, 58 F. Supp. 65 (E. D. Pa. 1944) (否定法院选择条款) 与 Wm. H. Muller & Co. v. Swedish American Line Ltd. , 224 F. 2d 806 (2nd Cir. 1955) 以及 Cerro de Pasco Copper Corp. v. Knut Knutsen, O. A. S. , 187 F. 2d 990 (2d. Cir. 1951)［认定法院选择条款必须得到执行，不适用"重要联系"（significant relationship）的验证］。

③ Bremen, 407 U. S. 1.

易斯安那州运到亚得里亚海的意大利拉文纳（Ravenna）郊区港口。之
前，萨帕塔已经签订了开采特定的石油储备的合同。当事人之间签订的
该运输合同包含两个非常相关的条文。第一，双方已同意，任何因合同
引起的争议必须在伦敦法院裁判。第二，有两个额外的补充条款作为该
合同的一部分，效果是就关于执行当事人协议的条款引起的任何合同或
侵权责任补偿翁特韦泽。① 依据第五巡回上诉法院的先例②，地区法院认
为，被告翁特韦泽必须遵守公平原则，放弃已经在伦敦法院提起的平行
诉讼。地区法院还认定自己有事项管辖权和对人管辖权。

　　依据卡本布莱克案（Carbon Black）的先例，第五巡回上诉法院维持了
地区法院的判决，认为该案件"'至少'⋯⋯支持这样一个主张，法院选择
条款'不会被执行，除非被选择的国家比诉讼所在国提供了更方便的法
院'"。③ 在此前提下，第五巡回上诉法院也认定，尽管有法院选择条款，
地区法院却以不方便法院（forum non conveniens）为由而撤销案件④，

---

　　① 1968 年 1 月 5 日，翁特韦泽的深海拖轮不来梅号（The Bremen）与正被拖往意大利的查帕
拉尔号（Chaparral）离开路易斯安那州而前往威尼斯。当查帕拉尔号与不来梅号到达墨西哥海湾的
国际水域时，受到严重的风暴影响。在风暴中，查帕拉尔号的一个升起的升降舵杆脱落。此外，钻
井平台也受到严重损坏。这场危难导致萨帕塔指示不来梅号将查帕拉尔号拖到佛罗里达州的坦帕
（Tampa），那里可能是最近的避难港口（Bremen, 407 U. S. 1., p. 1910）。法院选择条款规定，"任
何引起的争议都须提交伦敦法院处理"，萨帕塔在坦帕的联邦地区法院对翁特韦泽和不来梅号提起
诉讼，认为被告存在过失、违反合同，要求获得 350 万美元的损害赔偿（同上案）。
　　② See Carbon Black Export, Inc. v. The Monrosa, 254 F. 2d 297, 300—301（5th Cir.
1958），cert. dismissed, 359 U. S. 180（1959）（认定法院选择条款的目的是剥夺法院本应行使的
管辖权，违反了公共政策，因而没有约束力）。
　　③ 同上案，第 1912 页。
　　④ 不方便法院原则部分地为法院提供了自由裁量权，法院可以驳回诉讼而支持一个更方便的
替代法院，只要这样的司法裁决促进了正义的衡平原则、最大限度地降低成本、最大限度地获取证
据。该原则首次阐明是在 1947 年的海湾石油公司诉吉尔伯特案（Gulf Oil Co. v. Gilbert, 330 U. S.
501, 1947），这是大法官杰克逊（Jackson）的杰作。该原则在后来的涉及国际诉讼背景的派珀飞机
公司诉雷诺案（Piper Aircraft Co. v. Reyno, 454 U. S. 235, 1981）中有所发展。在派珀飞机公司案
中，最高法院推翻了第三巡回上诉法院的判决，第三巡回上诉法院仅仅只因认定苏格兰法律比法院
地法更不倾向于原告就拒绝以不方便法院原则驳回诉讼。最高法院的分析与本书提出的有关"和
解"概念的分析类似，据此，法院必须首先考虑一些私人和公共利益，以确定原告的选择法院是否
对被告或法院施加了不适当的负担。根据这一分析，公共利益的组成部分包括了法院的利益以及其
他替代法院的利益。See Gary B. Born, *International Civil Litigation in United States Courts*, pp.
341—346（3rd ed., 1996），该书讨论了不方便法院原则的发展与实际地位。

限制了行使管辖权。第五巡回上诉法院审判庭的多数意见①维持了地区法院的裁决，依据以下 5 个决定性意见：

（1）该小船队从未离开第五巡回区而到地中海（Mare Nostrum），而且事故发生在地区法院的附近；

（2）相当多的潜在的证人，包括萨帕塔全体船员，都居住在靠近墨西哥海湾的地区；

（3）所有航行前的准备工作，包括检查和维修，都是在墨西哥海湾附近进行；

（4）不来梅号船员的证言已经作成；

（5）除了法院选择条款，英国与本案或者合同的当事人没有任何利益。②

在不来梅号案中，第五巡回上诉法院还指出，萨帕塔是美国公司，因此，一审法院判决驳回诉讼，认为支持外国法院，尤其是在英国法院很可能承认合同的免责条款具有约束力时，这是有问题的。第五巡回上诉法院法官的多数意见认为，依据最高法院长期确立的先例，这类条款违反公众政策，因此不能强制执行。③

独立于违反合同或过失诉讼，在合同当事人有多大程度的选择外国法院的自主权这一特殊问题上，鉴于各个巡回上诉法院之间的判决存在直接明显的冲突，最高法院发布调卷令，行使管辖权。最高法院推翻了

---

① 第五巡回上诉法院审判庭起初发布的判决意见一分为二。事实上，被告在第五巡回上诉法院的全体 14 名法官面前提出重新考虑和重审的动议。8 名法官组成的多数意见维持了地区法院的判决，而其余的 6 名法官则发表了反对意见。

② Bremen, 407 U. S. 1.

③ 同上。第五巡回上诉法院明确从这两个案例中寻求支持：Bisso v. Inland Waterways Corp., 349 U. S. 85 (1955), and Dixilyn Drilling Corp. v. Crescent Towing & Salvage Co., 372 U. S. 697 (1963)。法院的公共记录包括英国律师的证言，指出根据英国法，合同中的免责条款被认为是"表面上对萨帕塔有效和有约束力的"，因为在英国提出的非法诉讼中，萨帕塔指称翁特韦泽的违反合同或过失的行为导致了对查帕拉尔号的损害。

第五巡回上诉法院的判决，并将其分析立足于 8 项基础。

第一，法院强调，至少 20 年来，美国公司在全球商业和跨国商业活动上有了重要和重大的扩展。① 在这个背景下，法院强调，曾经限制商业交易距离的障碍现在几乎消失。

第二，有许多美国公司专门运送重型装备和设备，跨越几千海里和海洋，构成了日常国际贸易的基本组成部分。②

第三，作为一个总的政策，如果"我们不顾合同神圣，坚持一个狭隘的观念，要求所有争议必须在我们国家法院诉讼、适用我们国家的法律"③，那么美国企业将在扩张和发展中处于不利地位并被窒息。

第四，在国际贸易背景下，第五巡回上诉法院在卡本布莱克案中列出的分析不能适用："我们不能在世界市场和国际水域上排他性地根据我们自己的条件进行商业贸易，在我们国家的法院适用我们的法律解决争议。"④

第五，八年前，最高法院在全国设备租赁有限公司诉素肯特（National Equipment Rental，Ltd. v. Szukhent）⑤ 中认定，在联邦地区法院提起诉讼的当事人如果只可以在某一地区法院接受送达，否则无法通过自己指定的代理人接受送达文书，那么，该当事人可以这样送达。法院指出：正如本院下面所承认的，合同当事人可以事先同意服从一个特定法院的管辖，允许对方当事人进行送达，或者放弃。⑥

---

① Bremen，407 U. S. 1.，p. 8. 在这里，法院引用了 1953 年至 1973 年的 20 年。在当今全球化的社会经济政策情况下，这一论点具有更大的现实意义，苏联的解体，占全球人口三分之一的中国的经济一体化以及从 1985 年至 2005 年经济不断增长，而且是以前所未有的每年百分之八的速度增长（在现代历史上，这是经济持续增长模型最高的），以及一个没有边界的欧洲的复兴，欧洲目前正在谈判，迈向实施欧洲宪法，将承认多个成员类别。See, e. g., Jeffrey D. Sachs, *The End of Poverty: Economic Possibilities for Our Time* (Penguin Press 2005).

② Bremen，407 U. S. 1，at 9.

③ 同上案。

④ 同上案。

⑤ National Equipment Rental，Ltd. v. Szukhent，375 U. S. 311 (1964).

⑥ 同上案，第 315—316 页。

最高法院指出，审理中的此案仅仅构成了同一硬币的另一面。简单地说，根据法院选择条款，在国际交易背景下，任何合同争议或民事义务将接受外国法院的裁判，这样的条款必须绝对地约束双方当事人。事实上，这铁一般的声明的唯一例外就是，根据案件的具体事实和情形，遵守某一具体条款不可避免地导致了"非理性"结果。[①]

第六，在法院所面临的本案中，该法院选择条款是精明有经验的人士以商业上合理的方式谈判而达成的，因此，合同各方当事人应受该条款约束，除非存在欺诈、其他类似的强迫性事由以及其他正当理由能够证明协商过程双方处于明显不均等的状态而导致实质不公平。[②]

第七，充分证据表明，该法院选择条款是"协议的重要组成部分，包括金钱方面的条款在内，都是当事人经过认真考虑后作出的"。[③]

最后，最高法院强调，尽管在一个更远的法院提起诉讼会带来不便，反对法院选择管辖条款的当事人将面临非常严格的举证责任。在国际贸易案件中，坚持法院选择条款是不必要的，而且，选择条款不仅仅是为了方便国内当事人寻求国内纠纷的解决。[④]

根据法院的说法，恰当地解释该条款是应给予该条款全部的效果和

---

① Bremen，407 U. S. 1 at 10.

② 同上案，第12页。值得注意的是，有主张认为，法院选择条款是非法的，用来剥夺法院公平地管理正义的管辖权，对此主张，法院明确驳回了。最高法院指出，这种主张是根深蒂固的历史遗留产物，根据这种主张，法院抵制"任何试图减少法院权力和业务的尝试，在所有法院都负荷过重，而曾经在一个地方经营管理的企业现在基本上都在世界市场上运作，这样的主张没有什么空间"。法院还宣称说："在本案中，没有人认真地争辩法院选择条款'剥夺'了地区法院对于萨帕塔诉讼的管辖权。关键问题是法院是否应行使其管辖权，执行该法院选择条款，赋予当事人在自由谈判达成的协议中所明确表示出来的合法期望以法律效果。"同上。

③ 同上案，第14页。

④ 同上案，第17—19页。"我们在此处理的不是两个美国人在一个遥远的外国法院解决实质上是美国当地的争议的问题，在这样的案件中，所选择的法院对当事人一方或者双方带来的严重不方便可能在认定法院选择条款是否合理具有更大的权重……"

"然而，本案涉及的是一家德国公司和美国公司自由协商达成的将船从墨西哥湾拖至亚得里亚海的国际商务交易。正如我们所注意到的，选择伦敦的法院显然是此交易带来关键的确定性的合理努力，因为有一个在海事诉讼具有丰富经验而且能解决海事争议的中立法院。"

效力，除非挑战该法院地的当事人能清楚明确地证明，执行该条款将是不合理、不公正的，或该条款因存在欺诈或者双方在谈判时谈判能力显然不对等的事由而无效。①

值得注意的是，最高法院没有**提到**仍然是潜在的四个基本原则，但贯穿于整个分析和认定：（1）**礼让**；（2）司法自我克制；（3）意思自治；（4）司法的可预见性。事实上，不来梅号案的判决与"和解"原则是一致的，而和解原则已经被确定为法律义务（司法的规范性要求）和可能授予外国主权者或司法裁判机关的礼遇之间的半阴影的第一个前提和支点。

不来梅号案的判决就像苏格拉底传奇的大衣一样，充满了洞眼的表面使我们看到更多的内在。抛开对"合同义务神圣"的格外强调，法院的论证指出，国际贸易的繁荣和美国跨国公司从事跨国商业的增加这两个原因，有必要尊重**意思自治**和外国法院选择条款。在依据统一的和解准则的程序测试背景下，这里已经归因于**礼让**，而**意思自治**原则本来可以得到更加全面和一致的阐述。

在确定**礼让**、司法自我克制、意思自治和可预见性作为调整在美国法院的国际民事程序的第一原则的要件时，必须让这些原则在概念框架内组织，有能力进行法律分析和认定，将自身与**统一性、合理性、可预见价值**区别开来。对礼让、意思自治、司法克制的基本原则的发展与适用而言，这些原则逐步成为中心。在此基础上的分析性支持和适用依据这里所界定的**礼让**概念特有的**和解**原则。不来梅号案提供了一个富有成果的和惊人的案例研究，让细心的读者以礼让中固有的和解概念的方式来研究，旨在进一步促进**统一性、合理性和可预见性**的准则。

---

① Bremen，407 U. S. 1，pp. 18—19.

在布伦南大法官详细列出的**礼让**分析中①，为了确定**礼让**是否让国家行为原则作为抗辩的可行性与约束力，确立了 5 个标准。此外，最高法院还列出了更加简洁的缩写版标准，但仍然在作为组织原则的**礼让**基础上，以确定国家行为原则的可行性。该标准侧重于三个基本内容：（1）在何种程度上会影响美国的利益；（2）与外国主权者有密切关系的利益分析；（3）在何种程度上，一个具体的认定会协调国际社会在发展、促进和维护可靠高效的国际法体制的利益。法院在不来梅号案中对意思自治的独特存在的认定，与这里确定的礼让分析一样，无需考虑合同解释的基本原则。如果适用当时大多数管辖法院所通行的对于国际争议中的合同解释方法和标准，那么就会认为当事人之间可能会通过协议剥夺法院的管辖权。这种"解决方案"或"决议"在本质上是狭隘的，合同解释的规范甚至可能永远不会考虑。

在强调"新的"国际商业环境以及跨国公司的扩散（按当代标准，那只是胚胎）中，最高法院没有阐明它正在使用**和解**概念，赋予**礼让**原则以内容。将这一原则带进来以后，关注点就有所变化。最高法院认为，有必要赋予该原则更多的内容和实质，而非仅仅在简单的商业合同解释原则基础上进行合同解释分析，将全球的商业考虑纳入进来，会发现正在涌现的跨国公司的国际司法特征与功能，以及在跨国商业贩运中后勤障碍的明显减少。在这里，法院试图调和意思自治、英美两国对于所争议问题的实体法上的冲突以及跨国公司的"新的"主角，但从来没有依靠设置一个分析先例的标准，本来该先例将维护并包含**礼让、司法自我克制、可预见性、合理性和意思自治**的要件，这样在依据**和解**的框架内适用这些准则，导致的结果就是所期望的具有**合理性、统一性和可预测性**的特点。

---

① *See* First National City Bank, 406 U. S., at 788 (Brennan, J., dissenting).

(三) 礼让与国际仲裁

仅仅在不来梅号案判决作出一年以后，在跨境诉讼中，国际争议 (international disputes)① 背景下的意思自治原则上升到了公认的准则程度。在舍尔克诉阿尔贝托-卡尔弗公司案（Scherk v. Alberto - Culver Co.）中②，最高法院发布调卷令，行使管辖权，理由就是所面临的意思自治这一问题对公众非常重要。最高法院处理的具体问题是其在威尔科诉斯旺（Wilko v. Swan）中的认定③，在该案中，最高法院当时认定"鉴于 1933 年《证券法》第 14 条的规定，禁止'任何约束取得任何证券的任何人放弃遵守本节的任何条款的条件、规定或条款'，仲裁协议不能排除证券购买人根据该法寻求司法救济"。④

在舍尔克诉阿尔贝托-卡尔弗公司案中，**美国**原告和居住在**瑞士**的**德国**被告签订了一份合同，里面包含了一个仲裁条款，而该合同又在**奥地利**执行，有关的三家公司又是根据德国和**列支敦士登**的法律组建的。⑤结

---

① 应该指出，最高法院将"国际争议"作为"国际合同"和"国际纠纷"（international controversy）的同义词。

② Scherk v. Alberto - Culver Co. , 417 U. S. 506 (1974).

③ Wilko v. Swan, 346 U. S. 427 (1953).

④ Scherk v. Alberto - Culver Co. , 417 U. S. 506 at 510. *See also* 48 Stat. 84, 15 U. S. C. § 77.

⑤ 很多学者将国家间仲裁的起源追诉到英国，实际上与此相反，在国际背景下仲裁作为公平管理正义的方法可以在希腊找到成因，主要是在古希腊时期，而不是古典时期（Classical period）。当时有许多相当复杂和详细的国家间仲裁协议，只是最近才面世，尽管已经能获得更多文献，甚至还从雅典式希腊文（Attic Greek）中翻译了非常早期的迭代记录，例如参见塞拉·埃杰（Sheila Ager）所著的《希腊的国家间仲裁》（*Interstate Arbitration in Greece*）。举例而言，修昔底德（Thucydides）回忆说，伯罗奔尼撒战争本来可能是可以避免的，只要斯巴达遵守其与雅典达成的国家间仲裁条款。修昔底德的《伯罗奔尼撒战争史》（*History of the Peloponnesian War*）一书的第 28 章第 2 行至第 3 行指出："如果他们就埃庇达诺斯（Epidamnus）提出请求，他们会愿意，或者他们会这样声称，将此事提交给由每一方当事人以及与埃庇达诺斯相关的当事人所选出的任何一个伯罗奔尼撒国家来仲裁。而且，他们也愿意提交给德尔斐（Delphic）神谕宣判。"

果，第七巡回上诉法院否定了当事人之间的仲裁条款，而这个问题最终到了最高法院面前。

在推翻了第七巡回上诉法院判决的宣判中，最高法院认为，对于与该国际商业交易有关的任何争议，尽管有《证券法》第 14 条的强制性规定，禁止所有这样的与该条相冲突的与仲裁有关的规定，但是所争议的仲裁协议是具有约束力的、决定性的和控制性的。[①]最高法院认真地阐述了如下事实：（1）原告是一家美国公司，大多数商业活动在美国进行；（2）被告是德国国民，其公司是根据德国和列支敦士登的法律组建的；（3）谈判导致在奥地利执行所争议的合同并且关闭在瑞士、美国、英国和德国的业务；以及（4）合同的标的物主要是关于根据欧洲国家的法律组建的公司的购买，而且大多数业务，如果不是排他性的话，都针对欧洲市场。[②]显然，事实的国际性特点塑造了法院面前的问题，这与本院之前在威尔科诉斯旺案中的裁决存在实质性的差别，在该案中，**所有**的当事人都是美国公司。

正如在不来梅号案中一样，法院强调，**确定性**是国际交易中必不可少的要素。此外，法院强调，"一个包含选择管辖法院条款的合同可以事先确定管辖法院和适用的法律，因此，这几乎是最重要的前提条件，能实现这种对任何国际商业交易都不可或缺的可预期性和有序性"。[③]法院补

遗憾的是，斯巴达选择废弃仲裁协议以及任何潜在的德尔斐（Delphic）神谕宣判，并追求战争作为解决国际争议的适当方法。文书多次提及这一"国际"争议，通过在一个中立的地点提交非司法程序，只要当事人单一地坚持遵守中立的全体一致的选择仲裁员的方法，而且在协议中尊重这样的仲裁发布的任何裁决。简单地说，尽管"现代性"的光环赋予仲裁作为一种"新的"解决国际争议的方法，其根源深而且古老，尤其是从约 2300 年之前来理解。

从历史上看，英国法庭否定并破坏仲裁协议，所依据的理论就是，仲裁协议非法"剥夺"了司法机关本来应该行使的事项管辖权和对人管辖权。这个关于仲裁的司法传统影响了美国法院，直到 1924 年国会通过了《美国仲裁法》（United States Arbitration Act，H. R. Res. 96，68th Cong.，1，2，1924）。*See，e. g.*，Sturges and Murphy，*Some Confusing Matters Relating to Arbitration Under the United States Arbitration Act*，17 Law & Contemp. Probs. 580 (1952).

①　Scherk v. Alberto-Culver Co.，417 U. S. at 513.

②　同上案。

③　同上案。

充说，"这样一个条款避免了这样一个危险，即协议下的争议可能会提交给一个敌视一方当事人利益或不熟悉涉及的问题的法院"。①

在舍尔克（Scherk）案中，最高法院找到了意思自治与以下几点之间在概念上的联系：（1）国际商业特有的风险；（2）在审理此类型的国际争议时统一性的需要；以及（3）资助以及促成国际协定的意愿与能力。②尽管这一分析支持法院能够从其在不来梅号案的判决进行推定，法院判决的支点是有点特别在司法上强调"国际合同"的概念，在某种程度上，意思自治原则不被强调并服从于新的路标（国际合同）。

对于所争议的条款，不来梅号案和舍尔科（Alberto－Culver Co.）

---

① Scherk v. Alberto－Culver Co. , 417 U. S. at 513. 另见同上案，第516页，注10，引用了 Quigley, *Accession by the United States to the United Nations Convention on the Recognition and Enforcement of Foreign Arbitral Awards*, 70 YALE L. J. 1049, 1051 (1961)。

例如，虽然这里涉及的仲裁协议规定，因本协议所产生的争议必须根据"伊利诺伊州的法律"来解决，决定商标欺诈是否存在及其程度必然涉及对同一事项的外国法的理解。

② 同上案，第520页，注10（详细介绍了威尔科（Wilko）案之后支持本判决的变化）。这一脚注值得完整引用：

我们今天的结论得到了威尔科案之后的商事仲裁领域的国际发展与国内立法的确认。1958年6月10日，联合国经济和社会理事会特别会议通过了《关于承认及执行外国仲裁裁决公约》。1970年美国加入该公约［(1970) 3 U. S. T. 2517, T. I. A. S. No. 6997］，为了实施该公约，国会通过了《美国仲裁法》第2章（9 U. S. C. s201 et seq.）。新的一章第1条（9 U. S. C. s 201）明确规定，该公约"应依据本章在美国法院执行"。该公约的目标以及美国加入该公约并通过执行立法的主要目的是鼓励承认和执行国际合同中的商事仲裁协议，并且统一在缔约国遵守仲裁协议和执行裁决的标准。 See Convention on the Recognition and Enforcement of Foreign Arbitral Awards, S. Exec. Doc. E, 90th Cong. , 2d Sess. (1968); Quigley, *Accession by the United States to the United Nations Convention on the Recognition and Enforcement of Foreign Arbitral Awards*, 70 YALE L. J. 1049 (1961), 该公约第2条第1款规定：当事人以书面协定承允彼此间所发生或可能发生之一切或任何争议，如关涉可以仲裁解决事项之确定法律关系，不论合同性质与否，应提交仲裁时，各缔约国应承认此项协定。

在讨论这一条时，该公约的代表经常发言表示关切，认为被寻求执行仲裁协议的缔约国法院应不得以狭隘或以削弱该协议的约束性的方式拒绝执行此类协议。 See G. Hague, *Convention on the Recognition and Enforcement of Foreign Arbitral Awards: Summary Analysis of Record of United Nations Conference*, May/June 1958, pp. 24—28 (1958) .

除本判决所表示的考虑因素以外，没有就该公约是否要求用自己的权力在本案中执行仲裁协议这一问题进行认定，我们认为本国批准该公约以及通过《美国仲裁法》第2章已经提供了强有力的证据，说明国会的政策与我们今天作出的判决是一致的。

值得注意的是，即使当我们考虑众多海牙公约的成功时，有史以来缔约国数目最多、最成功的国际法条约是通常被称为《纽约公约》的条约。

案的判决得出了一个相似的结论，如果不是一样的话，在作出一个连贯的判决时需要衡量全球经济的考虑因素，以适应跨国商业的发展以及保护**合理性、统一性和可预见性**原则的需要，在国际私法背景下尤其如此。尽管有这些共同的前提，所适用的分析方法却有着显著差别。在这两个分析中，本身所强调的是促进**统一性、可预见性和合理性**的和解概念。正是合理性概念赋予礼让实质性司法内容。这些准则的适用可能不会改变这里的判决，而是明确地阐明了在分析国际争议时应遵循的适当的标准，而不必诉诸司法上不当的权衡"国际合同"的存在本身。在国际争议解决中，利用国际合同作为组织原则是一个令人不安的分析，容易反复，而且取决于案件的具体事实。①

最高法院发现自己面临着严峻的挑战与观念的悖论。它必须用意思自治协调一种新的"国际经济秩序"（现在的全球化）与过时的对私人当事人的偏见，对于精明的当事人经过长期谈判达成的法院选择条款甚至是仲裁条款②，传统的偏见认为这剥夺了法院的管辖权。正是在这一微妙的十字路口，**和解**原则与这里使用的**礼让和统一性、可预见性以及合理性**准则一起，不但在分析法律问题中所适用的有关方法上，而且在阐述连贯一致的判决上，必然用作将被裁判机构、跨国公司和私人个人所遵

---

① 独立于其作为"国际合同"的特点与性质，国际协议引发不同的问题、可能的争议点以及对有关公平管理正义的挑战。例如，一份国际建筑合同与国际分销协议在实质上是不同的，双方在购销合同基础上的国际资产基本上是完全不同的。不同经济考虑因素在方法上不同，这些协议项目本身的"国际主义"（internationalism）以及不同的政策考虑影响公共政策的程度，肯定会实质性地改变一个判决，并且让法院与律师都找不到分析的指南。简单来说，国际商业协议几乎存在无限排列，使得愚蠢地使用"国际合同"作为组织原则显得有缺陷。

② 法院对仲裁条款的处理与法院选择条款并没有不同，这样二者可以被视为同一个。See, e.g., Scherk v. Alberto‐Culver Company, 417 U. S. 506, 519, 94 S. Ct. 2449, 41 L. Ed. 2d 270 (1974) ("仲裁协议实际上是一种特殊的法院选择条款，不但提出诉讼地，而且指定了争议所使用的程序")。Bear, Stearns & Co., Inc. v. Bennet, 938 F. 2d 31 (2d Cir. 1991) (认定"特别重要的是在本案的事实，就是不来梅号案的认定已适用于仲裁协议中的法院选择条款")；The Jaysoo Co. v. Vertical Market Software and Vertical Software Services, Inc., 2006 W. L. 1374039 at f. n. 4 (D. N. J. 2006) (同样)。

循的决定性标准，并且在国际商业舞台上扮演主角。

有必要探究**礼让、司法克制、意思自治与合理性**原则在何种程度上形成了在国际私法程序中普遍使用的不同理论。通过简单跟踪这些发展的轮廓，可以详细列出可能导致一个统一性的理论学说的方法，据此，在作为和解概念的礼让原则的基础上，可以有条不紊、前后一致地适用这些准则，尤其是在 3 个不同的区域（普通法系、罗马—日耳曼民法法系以及在宏观和微观层面上全球经济的实质性转变）应该促进：（1）外国国家的利益；（2）美国的利益；以及（3）国际社会在维护、发展和提高一套可靠、可预见、统一的国际习惯法**大全**。

立法管辖权：美国制定法的域外适用

　　划定在何种程度上一个主权者的法律可以适用于外国领土内外国人的行为或不作为，这一经典问题与主权概念一样非常古老。① 很多学者和法院都曾试图处理这一问题，与主权概念的性质和法律本身的规范性基础一样，他们的出发点多面而且自成一格。这个问题的根本性质反映了它的复杂性，而不是通常的**第一原则**配置的简单性。

　　确定这一问题固有的基本困难很简单。主权者为了将其法律适用于外国人在外国领土内从事的行为或不作为，有什么**权利**或规范性基础？如果这种权利或规范性基础事实上存在，那么是基于自然法、产生最终依据宪法前提的立法性法律的过程、普通法的遵循先例、习惯或者是这些因素中的一些或者全部的集合？对于发生在外国领土内的行为或不作为，美国法的域外适用需要条约、公约或各自将**互惠**条件作为前提吗？看来没有任何确凿的方式解决这些问题，或者甚至进行持续和彻底的分析，这里的任务是分析有关美国的域外适用问题发展出来的不同标准。

---

　　① 这种分析不解决国际条约缔约国所关切的固有的错综复杂的问题，如 1968 年《不扩散核武器条约》（Nuclear Nonproliferation Accord）。

在国际贸易框架内，域外适用成倍增加，但在普遍的全球化所界定的全球背景下找不到历史先例，因此有必要进行相关的分析。

值得注意的是，美国法理指示美国法院可以对外国领土内发生的行为行使**管辖权**。可以肯定的是，美国法的域外适用一直是激烈争论的主题，而且在许多情况下让其他国家惊愕。联邦法院发布的判决要求在美国法的域外适用基础上执行该判决，这被解释为对外国国家主权的直接和明确的侵犯。① 在某些案件中，美国法院在与外国有关的主权领域上的司法干预引起了强烈抗议和反对，特别是在过去的 45 年。②

美国法的域外适用在管辖权的分析内占有一个独特的位置。与对人管辖权③和事项管辖权④存在鲜明不同，立法管辖权（jurisdiction to pre-

---

① 在分析有关文件和信息披露的《美国法典》第 28 编第 1782 条中，在何种程度上美国法院发布的命令可以权衡外国主权者对于居住在美国的非当事人无关的司法或行政程序的司法管理应当很清楚。

② *See，e. g.，A. Neale, The Antitrust Laws Of The United States Of America*，365—372（2d Ed. 1970）；Assn. of the Bar of the City of New York, *National Security and Foreign Policy in the Application of American Antitrust Laws to Congress with Foreign Nations*，7—18（1957）；Zwarensteyn, *The Foreign Reach of the American Antitrust Laws*，3 AM. BUS. L. J. 163，165—169（1966）.

③ 这里对人管辖权是指法院审理针对被告的请求以及发布约束被告或者被告的财产的能力。行使对人管辖权需要有两个基本的前提。首先，必须有一个规范性的基础，规定法院对某一具体被告有对人管辖权。通常是以各州制定的长臂法规（long‐arm statute）的形式提供这一法律依据。此外，《联邦民事程序规则》第 4（k）（2）条可以适用于某些与联邦问题有关的案件，这也起到类似的作用，如果不是同样的作用的话。其次，执行长臂法规必须符合第五或者第十四修正案的正当程序要求，这取决于个案。对美国法院行使对人管辖权的宪法性限制层出不穷。此外，行使对人管辖权可能分为特别对人管辖权（specific personal jurisdiction）或者一般对人管辖权（general personal jurisdiction）。*See，e. g.，*Burham v. Superior Court，495 U. S. 604（1990）；Asahi Metal Indus. v. Supreme Court，480 U. S. 102（1987）；Helicopteros Naciones de Colombia, SA v. Hall，466 U. S. 408（1984）；World‐Wide Volkswagen Corp. v. Woodson，444 U. S. 286（1980）；Shaffer v. Heitner，433 U. S. 1986（1977）；Hanson v. Denckla，355 U. S. 220（1957）；International Shoe Co. v. Washington，326 U. S. 310（1945）.

④ 根据《美国宪法》第 3 条，在没有联邦有效立法时，联邦地区法院不得行使事项管辖权。可能只有在两个狭窄的条件下才能行使事项管辖权：（1）根据《美国宪法》、联邦立法或法规，争议的问题涉及"联邦问题"（参见《美国法典》第 28 编第 1331 条，*See* 28 U. S. C. §1331）；或（2）根据居住在不同州的美国公民之间［28 U. S. C. §1332（a）（1）］或者美国公民与外国公民之间［28 U. S. C. §1332（a）（2）&（3）］创设的异籍管辖权（diversity jurisdiction，也有译为"多元管辖权"）。在国内和国际争议背景下对于对人管辖权的综合性分析，可以参见 Gary B. Born, *International Civil Litigation in United States Courts*，pp. 7—13（3rd ed.，1996）.

scribe)① 是指一国将其法律适用于在外国的人或行为的权力。立法管辖权明确指的是立法机关制定能域外适用的法律的权力。②《美国宪法》第 1条第 8 款第 3 项规定国会有相当多的管制商业的权力。③ 最高法院一直同意国会有权制定在外国领土内域外适用的法律,认为这是符合宪法的,只要美国受到所争议的行为或不作为的影响。④ 这类法律同样适用于美国公民和外国公民。⑤

由于授予国会关于域外性立法权的例外性质,有必要审视研究那些易于域外适用的立法的解释性方法以及美国联邦法院列出的不同的标准或规则。与这第二点相关的是,有必要研究我们这里所说的礼让原则在多大程度上可以作为一项组织原则,服务于系统化、统一化这一分析性学科,它引起了如此之多的国际注意,而且触及其他国家最深切的关注,因为它与外国主权的概念、国际社会的智慧以及国际社会成员的实际尊严联系在一起。

(一) 立法解释方法

与沉浸在罗马—日耳曼民法法系的评论家、法学家、律师的主张相

---

① 也称作"立法的管辖权"(legislative jurisdiction): *See* E. E. O. C. v. Arabian American Oil Co. , 499 U. S. 244, 253 (1991);1934 年《 (第一次) 冲突法重述》第 60 条 (Restatement (First) Conflicts Of Laws § 60, 1934)。

② 关于这一部分的法理判例,更多的是关于立法管辖权而非反垄断立法。*See, e. g.* , Matsushita Elec. Industrial Co. v. Zenith Radio Corp. , 475 U. S. 574, 582, n. 6 (1986);Continental Ore Co. v. Union Carbide and Carbon Corp. , 370 U. S. 690 (1962);United States v. Sisal Sales Corp. , 274 U. S. 268 (1927);Alcoa, 148 F. 2d 416 (2d Cir. 1945) .

③ 尽管其宪法基础值得商榷,立法管辖权规定不一定能从《宪法》第 1 条第 8 款第 3 项中推断出来。人们普遍承认,管制各国之间的商业方法有很多,例如当事方同意 (即条约),或者正如我们通常在国际舞台上推行的那样,通过商业壁垒征收关税。然而,这两种方法与未经受司法命令所影响的外国的同意而对其领土内发生的行为进行管制存在重大的不同。

④ *See, e. g.* , Ford v. United States, 273 U. S. 593 (1927);United States v. Bowman, 260 U. S. 94, 98—99 (1922);American Banana Co. v. United Fruit Co. , 213 U. S. 347, 359 (1909) .

⑤ *See* Alcoa, 148 F. 2d 416 (2d Cir. 1945) .

反，英美普通法已发展出多种解释原则，从而使本来包含在复杂的立法规则中不透明或模棱两可的具体任务变得清晰。[①] 作为一个出发点，有必要指出，"解释的原则要求，对于国会的立法，除非有相反的意图，就意味着只适用于美国的属地管辖范围内，在可能确定国会没有表达的意图时，这是一个有效的办法"。[②]

如果域外适用的推定不能适用或者其相反观点得以满足，那么就引发立法解释的第二个原则。这一原则指出，"如果存在任何其他可能的解释，那么国会的立法决不应被解释为违反国际法"。[③] 重要的是要注意，这个信条是"完全独立于"[④]对域外适用推定的反对的。为了划定国内立法尤其是国际法的范围，这个宗旨是必要的，承认对各国管辖权的限制的规范性基础。[⑤] 一般来说，不存在这样的假定，即美国国会有权超越国际私法的传统限制。不过，这还假定，在易于域外适用的制定成文法的立法权力上，国会正是在其权限范围内行使权力。此外，通过国会制定

---

① 与这里讨论的主题的特殊性与具体性一致，在一些法律学科，如宪法、管辖权研究、刑事程序和《民权法》第 7 章（Title VII of the Civil Rights Act of 1964），已经发展出更加专门的解释方法。

② Foley Bros, Inc., et al. v. Filardo, 336 U. S. 281, 285 (1949). 事实上，在平等就业机会委员会诉阿拉伯美国石油公司案（EEOC v. Arabian American Oil Company, et al., 499 U. S. 244，1991）中，最高法院认为，尽管 1964 年《民权法》存在涵盖任何影响商业的行为、业务或产业的规定，但是其第 7 章（42 U. S. C. § § 2000e —2000e17, 1988 ed.）并没有超出美国国家领土的任何活动。Arabian American Oil Company, 499 U. S. at 249, 111 S. Ct., at 1231 [relying on 42 U. S. C. § 2000e (h)]。同样，最高法院还强调说，"国会对于（所争议的该法）域外适用的意图必须从许多国会立法所使用的直白语言中推理，但是其中没有发现任何要在海外适用的推定（同上书，第 251 页）。

《谢尔曼法》（The Sherman Act）也有与第 7 章中非常相似的语言，但在这方面最高法院却认为，就反垄断立法而言，反对推定美国法的域外适用是不成立的。《谢尔曼法》作为域外适用的例子已经得到大家的承认。See, e. g., Matsushita Elec. Industrial Co. v. Zenith Radio Corp., 475 U. S. 574, 582, n. 6 (1986)；Continental Ore Co. v. Union Carbide and Carbon Corp., 370 U. S. 690 (1962)；United States v. Sisal Sales Corp., 274 U. S. 268 (1927)；Alcoa, 148 F. 2d 416 (2d Cir. 1945).

③ See Murray v. Schooner Charming Betsy, 6 U. S. 64, 118 (1804)（首席大法官马歇尔）。

④ See Arabian American Oil Co., 499 U. S. at 264.

⑤ See Restatement (Third) Of Foreign Relations Law Of TheUnited States § § 401—416.

立法管辖权的立法，国会还拥有宪法权力来制定意图超越国际私法的习惯限制的立法。① 根据国会制定立法管辖权的立法权，在公认反对国会超越国际私法的限制背景下，最高法院认为，"即使反对域外适用的推定不适用，制定法也不应该被解释为规范外国人或其行为，如果该规范将与国际法原则相抵触"。②

正如最高法院在哈特福德案（Hartford）③ 中所突出的，其对准据法的分析可以在劳里岑诉拉森案（Lauritzen v. Larsen）④ 所阐明的标准中找到。该案也涉及一名非美国籍的水手根据《琼斯法》（Jones Act）对非美国籍的外国经理提起诉讼。值得注意的是，法院抓住该诉讼的机会，确定了该法域外适用所存在的根本困难。如果（《琼斯法》）从字面上去理解，那么就可以推断出，国会已经授予美国公民在美国法院的诉因，而且诉讼只要求原告满足"任何在其受雇期间导致的人身伤害的海员"。⑤ 很显然，这一前提在司法上是不能接受的。简单来说，这将构成对国际私法所承认的最基本的主权原则的冒犯。

最高法院限制了它的立法管辖权，并确定了对该法的解释，"根据普遍的国际法原则，只适用于那些美国法被认为起作用的区域与交易"。⑥

---

① See Hartford Fire Insurance Co. , et al. v. California Merrett Underwriting Agency Management Ltd. , et al. , 509 U. S. 764，815（1993）.

② 同上案。在阐明这一原则时，最高法院援引了 32 年前作出的先例，即罗梅罗诉国际码头经营有限公司案（Romero v. International Terminal Operating Co. , 358 U. S. 354，1959）。在罗梅罗案中，原告是一名来自西班牙城市的海员，在一艘悬挂西班牙国旗并属于西班牙公民的船上工作中失去意识。原告根据《琼斯法》对其上级提起诉讼。因为其请求是基于法定义务，而不是违反合同，反对美国联邦成文法的域外适用的推定被认为是不适用的，在本案中，所有的实质性行为都发生在美国的领海范围内（同上案，第 383 页）。最高法院认为，"在没有国会的相反指示时，将适用那些法律选择原则，它们与一般联邦海事法的需要相一致，并且与在管制海上贸易作为国际社会合法关注的一部分而对我们的自我认同的尊重外国的相关利益的正当承认相一致"（同上案）。

③ Hartford Fire Insurance Co. , 509 U. S. at 816.

④ Lauritzen v. Larsen, 345 U. S. 571（1953）.

⑤ 同上案，第 576 页。

⑥ 同上案，第 577 页。

关于塑造符合团结国际社会的国际法制度的立法管辖权的标准方法，其从属于一个简单的注解，该注解包括两个最基本的解释规则和两个理论前提，它们与这些规则相一致，并且对于个案中美国法的域外适用的程度是关键的。① 首先，当一部制定法没有任何相反的明确意图时，所有的国会立法都应**排他性地**（exclusively）适用于属于美国法院管辖之下的领土。其次，国会立法绝不能解释为违反国际法，只要在**合理性**的范围内存在可能替代的解释。尽管最高法院没有深入分析这两个原则，但我们可以洞悉其依据的准则是**司法克制**、**合理性**以及作为**和解**原则的礼让。

第一个规则要求法学家鉴别并阐述与制定内适用相反的意图，这将受到美国法院行使对人管辖权的限制。这一挑战与第二个标准确定的挑战在概念上是难以辨别的，第二个规则即确保只要另一个**合理**的替代性解释尽可能地存在，那么就不会因为国会立法的域外适用而违反国际法。至关重要的是要强调，只有当将国会的立法限制在联邦法院的管辖内是**不合理**或者根据任何合理的逻辑、法律、事实或衡平而无法持续时，域外性才能接踵而至。

合理性概念必然作为这两个规则的标准。然而，如果要有超越单纯的三段论的内容或意义的话，合理性这个概念就迫切需要实体性准则。作为和解原则的**礼让**原则可以为此急需的实体司法准则提供分析性工具，在可能有域外性效果的立法的解释上适用。

如果这两个成文法解释规则用于美国法的域外适用的限制性因素，那么在确立美国法院可以行使管辖权的领土限制上，有必要分析和解的三个基本原则，它们为礼让原则提供了可预见性和统一性：（1）美国的

---

① *See* Hartford Fire Insurance Co., 509 U. S., at 813—816（详细讨论了这两个推定以及成文法解释的两个准则）。

司法和经济利益;(2)外国主权者的司法和经济利益;以及（3）国际社会在丰富国际私法制度上的利益,这些制度不但保护和维护而且扩展全球经济共同体所有成员的商业和福利。没有考虑这些前提,这两个准则甚至不能证明任何统一性或可预见价值,而这是对代议制民主通常所组成的三个部门的必要限制。

因此,通过礼让的棱镜,作为和解原则来看,司法部门能将国会的政策同行政部门的外交政策努力协调起来,这样的结果是承认和尊重外国主权者的独立。没有**礼让**的分析,要在促进理想的**合理性、统一性、可预见性、司法克制和意思自治原则**的同时实现国际社会的有关目标,这将是相当困难的,如果不是完全不可能的话。

这里,也要清晰地界定这两个从属于那两个成文法解释规则的孪生推定。首先,认为在立法活动（即在经典的法理传统上创造实在法）中,国会有意进行自我克制,以避免突破国际法的限制。其次,即使反对美国法的域外适用的推定不存在,立法绝不应解释为目标是管制在外国领土内的外国人的行为,如果这样管制会干涉国际法。这两个推定符合而且易于基于以下前提:(1)**合理性**;(2)**礼让**;(3)**司法克制**;及（4）**意思自治**。①

没有宣称进行公平考虑和执行美国法的域外适用中必要的简单化方法,为了理解这一问题,下图简单清楚地列出了各种规范性基础。

(二) 支配立法管辖权的多面标准与规定礼让概念

迫切需要限制国会立法的域外适用,这已要求在两个成文法解释原则及其附属推定之外发展出复杂的理论原则。这一正统的分析已被修

---

① **意思自治**在这里指的是外国人在其境内的行为和不作为。

合理准则形式推理符合黑格尔逻辑和亚里士多德范畴 → 作为和解原则的礼让准则 → 司法自我克制准则

合理的实体正当性　　使得可能并可行　　(a),(b)+(c)=结果政府三个部门在域外性与立法管辖权上协调

(a) 国家利益的考虑；
(b) 外国利益的考虑；
(c) 国际社会在维持和扩展国际私法制度的利益的考虑；
(d) 法律制度及其融合的考虑

协调　　　　　　　协调

立法部门

司法部门
成文法解释的两个原则可能使以下成为可能：
(a) 可预见性
(b) 统一性
(c) 司法自我克制
(d) 合理性

行政部门
(国务院的政策与利益
(国防部的政策与利益

第一推定
在国会没有明确的相反意图时，尊重美国法域外适用的限制

第二推定
国会立法只适用于美国领土，除非这一解释将导致不合理的结论

结论

与国际社会相一致的司法

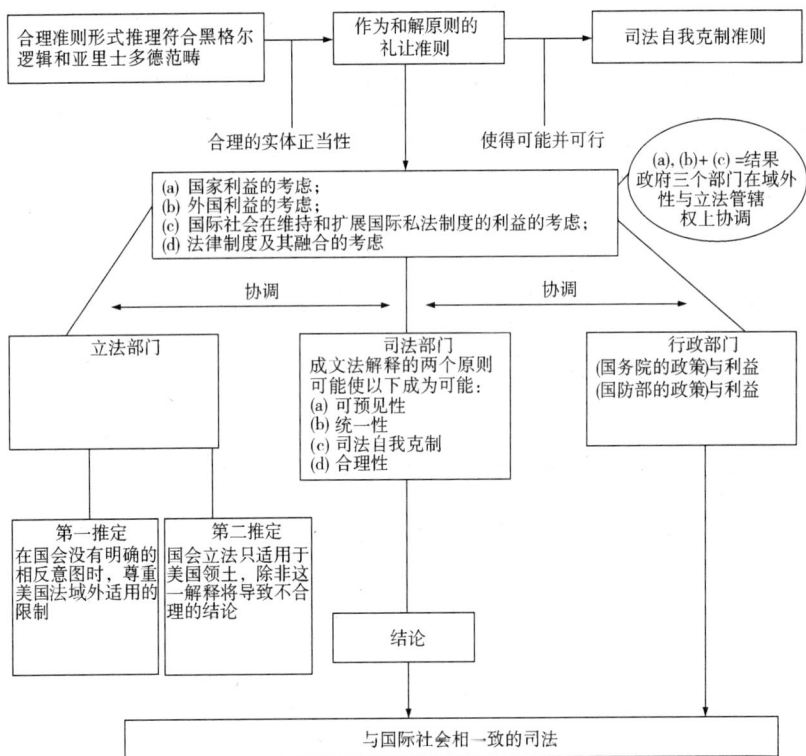

正，加入了**礼让**原则，但现在的新名称是"**规定礼让**"（comity to prescribe）。①

———————

① 规定或立法礼让（规定性礼让，prescriptive comity）的概念最早是由最高法院在哈特福德火灾保险有限公司案（Hartford Fire Insurance Co., 509 U.S. 764, 817）中所阐明的，是为了努力强调两个不同背景下礼让的使用之间的区别。其中之一是，法官不对理论上最好在另外一个外国法院处理的案件行使管辖权，另一个领域是，各国之间的互惠与相互尊重构成了限制域外性的基础；"当立法机关制定法律时，礼让由立法机关行使，而当法院解释立法机关制定的法律的范围时，则由法院行使。这是传统的法律选择理论"（同上案，第817页）。

在约瑟夫·斯托雷1834年出版的经典名著《冲突法评论》（*Commentaries on the Conflicts of Laws*）第38节中，精确区分了"法院的礼让"（comity of the courts）与"各国的礼让"（comity of nations）。正是后者（各国的礼让）这一概念，法学家将其界定为"一国法律的义务在另一国领土内的真正基础"。

尽管在"法院的礼让"与"各国的礼让"之间进行区分具有重要的教学价值，但是这两个概念在理论和实践上都需要植根于一个单一原则。不管礼让概念是否由司法机关、行政机关，或者主权者的其他机关来管理，在半阴影中的礼让概念当前必须被必然导致统一性和可预见性的要件与原则所实体化。简单地说，"法院的礼让"与"各国的礼让"只是"没有区别的差异"，因为法院将缺乏内容归因于礼让，没有注入这里所界定的和解原则。

尽管解决立法管辖权的法理在扩散,特别是在反垄断法领域①,但是支配美国法域外适用的标准,即使在最有利的情况下来看,仍然处于完全的概念混乱状态。这个混乱程度非常大。

在廷伯莱恩诉美国银行案(Timberlane v. Bank of America)② 中,令人遗憾的是,缺乏概念统一和共识的问题昭然若揭。在该案中,一审法院以缺乏对人管辖权和不方便法院原则为由驳回4名被告的请求,但该判决被第九巡回上诉法院推翻。第九巡回上诉法院认为,《谢尔曼法》③并不限于对美国对外贸易有**直接**、实质性**影响**的商业的限制。尽管很多纪录表明,所指控的非美国公民实施的违反该法的行为发生在洪都拉斯,并且对洪都拉斯有最直接、最重要的影响,但是第九巡回上诉法院仍然作出如此判决。事实上,第九巡回上诉法院将该问题缩小为提出"有关美国反垄断法适用于包括外国政府官员在内的另外一个国家的行为的重要问题"④。

(三)七个标准与一个问题:从坏到更坏

值得注意的是,为了解决该问题,在形成一个值得称赞的三重测试之前,第九巡回上诉法院确定了不少于8个标准。各种各样的标准值得

① See, e. g. Laker Airways Ltd. v. Sabina Belgian World Airlines, 235 U. S., at D. C. 207, 236, 109, 731 F. 2d 909, 938, 109 (1984); Montreal Trading Ltd. v. Amax, Inc., 661 F. 2d 864, 897—871 (10th Cir. 1981); Mannington Mills, Inc. v. Congoleum Corp., 595 F. 2d 1287, 1294—1298 (3rd Cir. 1979); Timberlane Co. v. Bank of America, N. T. and S. A., 549 F. 2d 597, 608—615 (9th Cir. 1976); Pacific Seafarers, Inc. v. Pacific Far East Line, Inc., 404 F. 2d 804, 814, and N. 31 (1968).

② Timberlane Co. v. Bank of America, N. T. and S. A., 549 F. 2d 597 (9th Cir. 1976).

③ 《谢尔曼反垄断法》第1条,被《美国法典》第15编第1条修正。该法第6(a)条规定,其不得适用于各国之间的商业,除非有关行为直接、实质性、合理地影响了(1)美国的国内商业,或者(2)在美国营业的实体所从事的外国商业。

④ Timberlane, 549 F. 2d, at 600—601.

认真分析。

作为出发点，法院重申了地区法院已经适用的关于美国对外商业的
"直接和实质的影响"测试，并指出该公式已经得到许多联邦法院的共同
遵循。[①]

在其继续追查域外性的历史和当代法理轮廓中，第九巡回上诉法院
断言，"然而其他法院已经使用不同的表达"。[②] 在仔细分析之后，可以确
定第九巡回上诉法院引用了不少于7个其他标准。

首先，在外国发生的行为和不作为的综合影响对美国的对外商业产
生影响时，域外性是合适的。[③]

其次，如果所争议的在外国领土内的行为或不作为对美国的进出口

[①] Timberlane, 549 F. 2d, at 610. (引用 Swiss Watchmakers, 1963 Trade Cases P. 70，600;
United States v. R. T. Oldham Co. , 152 F. Supp. 818，822 (N. D. Cal. 1957); United States v. GE
Co. , 82 F. Supp. 753. 891，1949). 第九巡回上诉法院还指出，"直接和实质的影响"验证体系得
到数个评论家的赞同。See, e. g. , W. Fugate, Foreign Commerce and the Antitrust Laws, 30, 174 (2d
Ed. 1973); J. Van Cise, Understanding the Antitrust Laws, 204 (1973 Ed.)；而且也引用了 the Report
of the Attorney General's National Committee to Study the Antitrust Laws 76 (1955) (适用 "实质性的
反竞争影响" 标准)；以及《美国对外关系法 (第二次) 重述》第 18 条 [the Restatement (Second)
of Foreign Relations of the United States § 18]。该条规定:
　　对于发生在其领土之外但是在本国领土之内造成了影响的行为的法律后果，该国有立法管辖
权来制定法律规则，如果满足以下任何一个条件: (1) 根据已经合理地发展出法律制度的国家的
法律，该行为及其影响一般被认为是犯罪或者侵权行为的构成要件；或者 (2) (i) 该规则及其
影响是所适用的规则的行为的构成要件; (ii) 在境内的影响是实质性的; (iii) 作为境外行为的
直接和可预见的结果；以及 (iv) 该规则并不违反已经合理地发展出法律制度的国家所公认的正
义原则。
　　"直接" 和 "实质" 的影响测试起源于该条的评论，其中特别说明，尽管该测试只适用于外
国人而且美国公民被认为受其国籍约束，在美国没有发生重大行为时，该标准排他性地适用，否
则根据当前的 "一般对人管辖权" 和 "特别对人管辖权" 标准可以轻易地行使对人管辖权。Tim-
berlane, 549 F. 2d, at 610, n. 18.
[②] 引用 Thomsen v. Cayser, 243 U. S. 66，88 (1917) ("影响本国的对外贸易")；Alcoa,
148 F. 2d, at 444 ("试图影响进出口……已经事实上被证明产生了某些影响")；United States v.
Imperial Chemical Industries, Ltd. , 100 F. Supp. 504, 592 (S. D. N. Y. 1951) ("合谋……影响美
国商业")；United States v. Timken Roller Bearing Co. , 83 F. Supp. 284, 309 (N. D. Ohio 1949),
modified and affirmed, 341 U. S. 593, 71 S. Ct. 971, 95 L. Ed. 1199 (1951) ("对贸易的直接和重
要影响). See also citations in 1 J. von Kalinowski, Antitrust Law and Trade Regulation § 5. 02
(2), at 5—120.
[③] See Thompson v. Cayer, 243 U. S. 66，88 (1917).

产生影响时，美国法的域外适用是合理的。①

第三，如果事实证明，在外国领土内从事的合谋（conspiracy）对美国的商业产生影响，那么立法管辖权是必要的。②

第四，如果所争议的在外国领土内的行为或不作为造成了**直接影响**，并且影响了美国与其他国家的商业，那么域外性是合适的。③

第五，如果所争议的在外国的行为造成了直接或实质影响，或者所争议的在外国领土内的行为造成了任何非直接、非实质的影响，域外性是合法的。④

第六，美国法的域外适用在司法上是可行的，如果（1）影响发生在外国商业过程中；或（2）所讨论的域外行为或不作为实质性地影响了美国与该外国的商业；或者（3）影响了美国国内的商业。⑤

支持美国法域外适用的 7 个额外标准的最后一个是，如果所争议的行为发生在外国领土内，实质性地并且不利地影响了美国各州之间的商业。⑥

值得注意的是，尽管法院对域外性的法理进行了详尽的分析，特别是在反垄断立法的背景下，"和解"一词短暂地出现，尽管绝大多数而且实际

---

① Alcoa，148 F. 2d，at 444.

② United States v. Imperial Chemical Industries，Ltd. ，100 F. Supp. 504，592（S. D. N. Y. 1951）.

③ *See* Harold Hongju Koh，*International Business Transactions in United States Courts*，261 Recuil de Cours 9，56（1996）（认为廷伯莱恩案表明对美国贸易的影响不能很小，而是合理地具有直接和实质性的影响，因此，法院以有效的方式认定一方当事人不得援引立法管辖权，除非其已根据保护自由贸易和竞争的法理提出有效的请求）.

④ Occidental Petroleum v. Butlers Gas & Oil Co. ，331 F. Supp. 92，102—03（C. D. Cal. 1971），*aff'd on other grounds*，461 F. 2d 1261（9th Cir. ），cert. denied，409 U. S. 950（1972）.

⑤ *See* Rahl，*Foreign Commerce Jurisdiction of the American Antitrust Laws*，43 ANTI-TRUST L. J. ，521，523（1974）. 拉尔（Rahl）院长指出，"不存在阐述国际背景下《谢尔曼法》的商业涵盖的一般规则"，法院在这里借用了他的这一句话。同上案，第 611 页。

⑥ *See* Gulf Oil Corp. v. Copp Paving Co. ，419 U. S. 186，195（1974）；United States v. Employee Plasters Assn. ，347 U. S. 186，189（1954）.

上排他性地强调诸如"影响"、"直接"、"重大"这样的名词，在提出不同的经济政策和法理问题上，在不同标准中阐述的似乎经常不一致。"和解"引用起来比较模糊，没有对该词赋予任何司法内容，或者以其他严谨的方式来对待。法院限制自己意见，认为虽然"法院根据《重述》国会的政策来阐述，认定美国的影响是直接的、实质的、可预见的，或在国会的意图范围内，很少有独立的分析意义。相反，案件似乎打开了他们美国和外国在管制各自的经济与商业事务中的利益的**和解**"。① 然而，在廷伯莱恩（Timberlane）案中，我们确实看到了礼让概念作为某种形式或置换的种子，虽然尚未界定**和解**。遗憾的是，其分析在一开始就非常令人沮丧。

以"影响"原则为前提的标准或公式存在根本缺陷，因为它们完全没有考虑到国际社会的更广泛、更全球的关注，也没有考虑到国际私法中国际条约和习惯的基本规则。同样，这些标准忽略了争议当事人的性质。例如，美国法的域外适用基于美国公民在外国领土内从事的行为或不作为，如果同样一组事实源于非美国公民的行为或不作为，那么在国际法与美国外交政策上，后者与前者的影响是不同的，而且明显问题要少一些。②

奇怪的是，在第一次提出"和解"观念后，至少在使用该词的背景下，第九巡回上诉法院明确提到**礼让**。根据它自己在美国铝业公司案（Alcoa）的判决意见，法院指出，基于"实质影响"的标准可能纳入其他的概念，例如"实质的"，从而带来更灵活的标准，如果与其他因素一起考虑的话，这些标准可能会有不同。③

---

① Timberlane, 549 F. 2d at 611,（引用 Notes, American Adjudication of Transnational Securities Fraud, 89 HARV. L. REV. 553, 563, 1976）。

② See Pacific Seafarers, Inc. v. Pacific Far East Line, Inc. , 404 F. 2d 804, 815 (D. C. Cir. 1969)（认定支配域外性的标准或公式必须着眼于当事人及其行为、美国之间的关系，而非一组可能对美国的进出口产生公式化的情境性的机械"影响"的事实）。

③ Timberlane, 549 F. 2d at 612（认为"美国铝业案（Alcoa, 148 F. 2d, at 443—44）中建议的意图要求是一个试图扩展法院视角的例子，正如在美国公民和非公民之间区分一样"）。

概念不一致贯穿整个立法管辖权领域，廷伯莱恩案中确立的多重标准和测试雄辩地说明了这一点。诸如"影响"和"直接"这样的关键术语完全没有内容和统一的含义。此外，判决意见也揭示了其中存在的随意性，没有赋予"所考虑的其他因素"这样的术语以可以作为有意义的先例的任何具体程度。对一些关键问题没有引用或持续分析，例如担忧可能受到威胁的政治和地缘政治、当事人的国籍、域外性对协定和习惯国际私法的影响、国际社会作为一个整体的利益、所有复杂多样的问题，并且导致这些寻求一致性、统一性、意思自治、合理性、司法克制和多重利益之间的和解的评论家、法院、执业律师的困惑，无论域外性发生在什么时候，这些都是难免的。

法院的判决意见没有回答一个很简单的问题：在什么情况下，根据发生在外国领土内的行为或不作为，美国法的域外适用是合适的？这个问题是有效的、有理由的而且必要的。因此，它的答案也应如此。

(四) 三重标准：混乱中的一缕光

面对着概念上的不一致与混乱，第九巡回上诉法院在廷伯莱恩案中的分析嗜好是塑造一个三重标准，理论上体现足够的灵活性，以协调多方面利益，而且必须在确定立法管辖权时考虑变量。这种努力无疑是向正确的方向迈进了一步，因而值得整体考虑：

三重分析似乎得以揭示。正如上面所承认的，反垄断法首先要求，存在对美国对外商业的实际或意图的影响时，联邦法院才可以根据这些立法而合法地行使事项管辖权。第二，证明该影响足够大而对原告造成了可以审理的损害因而违反了反垄断法，就需要更多的举证责任或限制。第三，还有一个对国际背景独特的额外的问题，即与其他国家的利益相比，美国及其有关的利益包括对美国对外商业影响的幅度是否足够强大，从而能证明主张域外权力是正当的。[①]

尽管存在机械性地纳入了法院在其他判决中的分析这一缺陷，第九巡回上诉法院在制作这个测试上的高明值得称赞，而且令人印象深刻。遗憾的是，三重测试在概念上是不适用的，在理论上是不可接受的。不少于5个基本前提导致了作为可行的和具有约束力的先例的新标准的缺陷，而这些先例可能会被法院、执业律师、各国、跨国公司、企业家以及国际社会所遵循。

第一，这三重标准第一个前提中列出的"**一些实际影响**"（some effect actual）或"**意图的**"（intended）的术语缺乏意义，即使在语言学层面，更不用说法律上。关于美国对外商业，仅仅只有私人实体在外国领土内从事的行为或不作为的一些意图，没有更多其他的条件，这样触发事项管辖权的基础是不充分的。事实上，判例法没有任何支持这样特殊主张的先例。同样，"一些实际影响"也不是一个应遵循的路标。

第二，其他法院在国际交易背景下提出"**足够大**"（sufficiently large）这一术语，而裁判机关对其进行尖锐批评，认为是不适当、盲目的，这里却不经过有意义的阐述就纳入了。[②]

第三，三重标准没有引用**任何**所争议的行为人的身份或国籍。已经注意到，对于域外性分析而言，美国公民与讨论中的行为或不作为之间的关系，以及所争议的行为与非美国公民之间的联系，都是不可或缺的。值得注意的是，在该标准中根本没有**礼让**的位置。尽管已经强调了实体

---

① Timberlane，549 F. 2d at 613.

② 同上。

化背景下该原则的重要性，法院还是选择整体忽视礼让问题，从而避免面对赋予其重要和实体的基础的挑战，而这本来将促进对域外性问题的裁判。

第四，在关于美国法的域外适用问题上，必然会产生利益的竞争与冲突，但是三重标准的第三前提却没有考虑对其进行协调。为了决定立法管辖权的性质与合法性，法院只是仅限于引用"对美国对外商业影响的幅度……与其他国家的影响相比"。① 一个更深入的分析是必要的。将必然需要协调各国之间的经济利益的立法管辖权的相关验证的前提建立在主观又难以捉摸的"幅度"（magnitude）术语上，要在分析上做到这一点，这是不可能的。从一个完全单边的背景来看，这个问题的严重性复杂化了。宣称建立更加"客观的标准"的测试不仅是合理的，也是必要的。此外，考虑到这些因素，例如宣称让多孔的经济边界与一个"公平的全球化"的全球经济相一致，对这一三重标准的第三个规则进行重大修改就变得重要了。

如果作为基本出发点的互惠和和解要在重新界定并适用礼让中发挥更重要的作用，支配美国法的域外适用的原则必须进行重大修改以纳入这些概念。一般认为，随着单纯的时间流逝，通过遵循先例的演化与发展，普通法渐渐地修改、净化自身，以适应社会、政治和经济历史的变迁，但是这里不能依靠这一点。不创造可以解决这一复杂问题的理论和实践方案，这一问题迫使考虑单纯地财富分配之外的因素，普通法已经产生了标准与验证的扩散化，当然在某些情况下，表明自己在内部存在矛盾而且不利于所宣称的要促进的目标。普通法的"完美作品"的标准与验证的例子是那些对于这些目标没有什么关系的标准与验证，尤其是在促进司法克制、意思自治、可预见性、互惠与和解上，或者在处理弥

---

① Timberlane, 549 F. 2d at 613.

漫在全球经济中的日益迫切的需要上，而全球经济是以全球化这样的术语以及诸如北美自由贸易区、南方共同市场和安第斯条约等多边条约的方式来界定的，这只是提到了一些界定拉丁美洲所面临的经济和司法图景的协定。①

---

① 在哈特福德火灾保险公司案中，最高法院失去了一个采纳廷伯莱恩案的分析并将其合法化的宝贵机会，廷伯莱恩案的分析虽然有缺陷，但构成了对这一问题的最全面的努力。很明显，最高法院未能澄清在何种情况下礼让将作为限制立法管辖权的因素。事实上，在哈特福德火灾保险公司案的判决后，一名外国当事人寻求以礼让的理由驳回诉讼，似乎只有断言，美国已经宣布为非法的那些行为或不作为在所争议的外国领土内实际上是合法的。此外，哈特福德火灾保险案的先例还可能表明，诉讼当事方寻求驳回诉讼，不但可以证明所声称的非法行为在有关外国是合法的，还可以证明该外国法律的行为导致诉讼请求方以被美国视为非法的方式行为。*See* Hartford Fire Insurance Co. , 509 U. S. 764.

五

外国主权豁免及其例外

（一）绝对外国主权豁免理论

实际上作为宪政民主的基础，美国几乎授予外国主权者免于美国法院管辖的绝对豁免。**绝对豁免**（absolute immunity） 理论是由美国最高法院在 1812 年首先阐明的，差不多是从英国独立后的 67 年。[①]

在"交易号"（The Schooner Exchange） 案中，联邦最高法院的首任首席大法官马歇尔（Marshall），将其分析建立在经典的属地原则前提上。马歇尔大法官认为，外国国家在其领土内行为，"本身几乎不施加任何限

---

① *See* The Schooner Exchange v. McFaddon，7 Cranch 116 （1812）.

制"①，而且在这种情形下，美国已默示放弃了对外国行为的管辖。该案件的分析，来源于一个很具体的事实，一艘军舰属于外国所有，而该国不是美国的敌国，也没有表现出任何的交战迹象，美国法院是否能够对该军舰行使管辖权。正是在这个背景下，首次提出了绝对外国主权豁免理论（absolute theory）。②

值得注意的是，在"交易号"案中，根本就没有援引礼让原则。然而，即使是对该判决的表面阅读，也反映了马歇尔大法官将其意见建立在希尔顿诉盖特案的认定的前提上，而该案在法理上创造了一个新的规范性空间："低于义务但高于礼遇"。事实上，在"交易号"案判决160年之后的1983年，最高法院强调了马歇尔大法官的分析，尤其是"外国主权豁免是美国的恩惠与礼让，不是《宪法》所施加的限制"。因此，对于针对外国主权者及其机构的诉讼是否行使管辖权，最高法院一直遵从政治部门特别是行政部门的决定。③

重要的是，在"交易号"案判决中，马歇尔大法官并没有引用任何司法先例，但确实将其分析基于"文明各国"所采用的**自然法**概念和原则中找到的准则。最高法院判决中首先阐明绝对主权豁免理论的是马歇尔大法官在"交易号"案中雄辩与言简意赅地认定：

一国在其自己的领土内的管辖权必然是**排他性的、绝对的**。它本身几乎不施加**任何**限制。对它源于外部的任何限制将意味着将主

① *See* The Schooner Exchange v. McFaddon，7 Cranch 116（1812）.

② *See*，*e. g.*，Berizzi Brothers Co. v. S. S. Pesaro，271 U. S. 562（1926）.

③ Verlinden B. V. v. Central Bank of Nigeria，461 U. S. 480，486（1983）. 在"交易号"案中，马歇尔大法官强调有必要进行司法克制，尊重政府的政治部门。支持该判决意见的论据是，考虑到国家的主权权力本身足以报复主权者所实施的不当行为，产生这样的不当行为的问题是政策问题而非法律问题，更适合外交手段而非法律手段解决，司法权力不能在这种类型的案件中执行判决。这些论据很有说服力，值得认真考虑。The Schooner Exchange v. McFaddon，7 Cranch 116（1812）.

权克减至限制的程度，只有具有同样权力的主权者才能施加这样的限制。世界正由不同的主权者组成，它们拥有平等权利和平等的独立性，通过彼此交往以及人们之间的善意交流而推动各自的共同利益，实践中所有主权国同意在某些特殊情况下放松在各自领土内的绝对的、完全的管辖权。①

绝对主权豁免理论树立了那个时代的典型范式。该理论的"绝对"内容与所伴随的僵化教条一样僵硬，可能是从"属地性"（territoriality）概念中推断出来的。在管辖权和冲突法领域中，概念的形成与转变表现出从"属地性"到"实质联系和重大关系"（material contacts and significant relations）的变化，也使得该原则中的固有弱点更加突出，不能充分适应政治政策和经济政策的变化，使国际孤立主义过时、行不通。"经济跨国主义"（economic transnationalism）的出现、信息技术的发展，以及国际法律制度的失败，这都揭示出其发展的萌芽状态以及缺少实际应用，未能作为一个理性的指导国家间关系的原则，没有阻止两次世界大战的爆发，需要在围绕支配绝对主权豁免理论的基本法理上进行激烈的和实质性的变革。

随着机器大工业时代的到来，这一理论逐渐失去其意义和功能。新技术和竞争中产生的自我淘汰过程导致市场的"净化"，提供了一个充分的事实基础，从中可以推断出，传统的时代已经过去了。同样的，外国

---

①　The Schooner Exchange v. McFaddon, 7 Cranch 116 (1812), p.136. 值得注意的是，在"交易号"案中，绝对主权豁免的概念适用于停泊在美国港口的法国军舰。根据马歇尔大法官的分析，法院认为，"交易号是服役于外国主权者（法皇拿破仑）的公共武装船，而法国与美国政府处于和平状态，该船已进入为其开放的美国港口，一般允许战船进入一个友好国家的港口，必须考虑到这一点，根据默示的承诺，交易号进入美国领土后并且有必要在其领土内，那么出于友好的态度，该船就应该免于美国的管辖"（同上案，第147页）。奇怪的是，在对外国主权者的绝对主权豁免理论的第一次挑战中，豁免权实际上已经扩大了，涵盖了位于美国领土内的外国国家财产。该标准现在已经明确确立。

主权豁免的背景下的属地性的静态概念产生了"相对性"（relativity）的准则，最大特点是"影响"与"重大关系"要件，以及出于保护人的尊严和人道主义权利理由的普遍规范。支配管辖权原则的理论根本无法割断其授予国家以豁免的"硬币的另一面"。

绝对主权豁免理论仍然作为一个决定性的准则，直至 1952 年。事实上，在此期间，最高法院认真强调了，属于司法机关的职权范围的司法问题与给予外国主权者的豁免问题以及由政府行政部门处理更加合适的政治问题之间的区分。①

（二）限制主权豁免理论：权力分立

但直到 1952 年，美国国务院通常会发布意见书，对于那些与本国保持"友好"或"积极"外交关系的外国国家的所有法律程序都会援引豁免。这项政策提出了行政部门与最高法院在"交易号"案中首次阐述的绝对主权豁免理论之间的协调与一贯的准则。然而，1952 年 5 月 19 日，当时向美国总检察长菲利普·帕尔曼（Phillip B. Perlman）提供法律咨询的国务院代理法律顾问杰克·泰特（Jack B. Tate）起草了一封公函，其中载有国务院对于外国主权豁免的新的官方政策。这一崭新的立场实质性地改变了绝对主权豁免理论，并提出了新的限制性理论。杰克·泰特的书信通常称为"泰特公函"（Tate letter）。②

值得注意的是，直到 1976 年，国会才通过立法，即《美国法典》第 28 编第 1602 条至第 1611 条以及第 1330 条，通常称为《外国主权豁免

---

① See, e.g., Ex Parte Perú, 318 U. S. 578, 586—590 (1943); Mexico v. Hoffman, 324 U. S. 30, 33—36, (1945).

② See 26 Dep't of State Bull, 984—985 (1952); Dunhill, 425 U. S. 682 (1976) (White, J.).

法》（the Foreign Sovereign Immunities Act，简称为 FSIA）。^① 就联邦地区法院对外国主权者行使管辖权而言，《外国主权豁免法》提供了唯一的并且是排他性的事由。

　　直到 1989 年，《外国主权豁免法》通过 13 年后，最高法院才澄清了该法对外国国家的管辖权的垄断。^② 尽管从 1812 年到 1952 年间，绝对主权豁免理论占据主导，但是随着绝对主权豁免理论到限制豁免理论的转化，这意味着"一国就其主权或公法行为（jure imperii）免于外国法院的管辖，但不及于其私法或商业性质的行为（jure gestionis）"。^③ 最高法院确定，作为一个法律问题，根据限制豁免理论，"从事'商业'行为的外国国家并不行使属于主权者特有的权力；相反，行使的只是那些私人个人可以行使的权力"。^④ 因此，根据限制豁免理论，只有外国国家在市场上"以私人个人或公司的方式"行为时，才应被视为从事"商业

---

　　① 《美国法典》第 28 编第 1330 条名为"对外国国家的诉讼"，是国会于 1976 年 10 月 21 日通过的（See eight of Pub. L. 94—583），就适用于第 1602 条的目的而言，第 1330 条授予联邦地区法院管辖如下事项：

　　（1）对本编第 1603 条第 1 款所指的外国国家进行非陪审的民事诉讼，不论争议的数额大小，只要按照本编第 1605 条至第 1607 条或者任何可以适用的国际协定的规定，在对人诉讼中的求偿问题上该外国不能享受豁免的，地区法院对它具有初审管辖权。

　　（2）凡按照第 1 款规定属地区法院管辖的每项赔偿要求，如已经按照本编第 1608 条规定送达传票的，地区法院对外国本身的管辖权（指要求被告人出庭）应继续存在。

　　（3）在第 2 款的适用上，某外国的出庭，对于不是由于本编第 1605 条至第 1607 条所列举的交易活动或事件所引起的任何求偿问题，并未授予地区法院对该外国国家本身的管辖权。

　　要在一篇文章中详尽评论《外国主权豁免法》是不大可能的。因此，这里仅是追溯该立法的轮廓，以探讨礼让的实体概念适用中的措施，作为一项国际程序法中的和解原则，可以作为一个基本的前提和第一原则，迈向一个统一理论，宣称促进国际私法的可预见性、统一性、合理性、司法克制、意思自治。

　　② See Argentine Republic v. Amerada Hess Shipping Corp.，488 U. S. 428，443（1989）("我们认为《外国主权豁免法》是本国法院对外国国家获取管辖权的唯一依据")。See also H. R. Rep. 1487，94th Cong.，at 12（1976）. S. Rep. No. 1310，94th Cong.，at 11—12（1976）(S. Rep.)，U. S. Code Cong. And Admin. News 1976，pp. 6604，6610〔《外国主权豁免法》"意图在授予外国主权者豁免上取代任何其他州法和联邦法（国际协定除外）"〕。

　　③ See Saudi Arabia v. Nelson，507 U. S. 349，at 359—360（1993）.

　　④ See Republic of Argentina v. Weltover, Inc.，504 U. S. 607，614（1992）.

活动"。①

这一立法准则首先推定支持外国豁免，除非能证明有关活动的性质属于该法所列举的具体例外的范围。②在适用限制豁免理论范围中的例外时，根据第1330条，地区法院没有事项管辖权来确认联邦法院基于《外国主权豁免法》的初始管辖权。

对任何有关免于美国法院管辖的分析的出发点是推定授予外国以豁免，除非能证明所争议的行为或不作为属于《外国主权豁免法》所规定的7项非常有限的例外范围内。③尽管如此，授予外国国家豁免权的例外中

---

① *See* Republic of Argentina v. Weltover, Inc., 504 U. S. 607, 614 (1992)。在怀特佛尔案（Weltover）中，最高法院强调，在外国主权豁免分析中，决定性标准是外国国家的行为的**性质**，而不是背后的**动机**。《外国主权豁免法》明确区分了性质与动机（或目的），将"商业活动"界定为"某种正常做法的商业行为，或是指某种特殊的商业交易或行动。是否是商业性的活动，应当根据行为的做法的性质，或特殊的交易和行动的**性质**决定，而不是根据其**目的**"。

当外国国家在行使"警察权"时，不应被视为从事《外国主权豁免法》上的"商业活动"，各个联邦地区法院在这一点上是一致的。*See, e. g.*, Nelson, 507 U. S., at 362; John Doe I v. UNOCAL Corp., 963 F. Supp. 880 (C. D. Cal. 1997)（"滥用主权者的警察权构成所宣称的在性质上是主权者的行为，因而不属于《外国主权豁免法》的**商业活动**例外的范围"）。Granville Gold Trust - Switzerland v. Commissiones del Fullimento/Interchange Bank, 924 F. Supp. 397 (E. D. N. Y. 1996)。Aguasviva v. Iberia Lineas Aereas de España, 937 F. Supp. 141 (D. P. R. 1996)（认定根据**限制主权豁免理论**，外国使用警察权长期一直被确认为是主权者性质所特有的）。Habtemicael v. Saudia, 1995 U. S. Dist. LEXIS 10420 (D. Ill. 1995)（认定滥用警察权属于主权者的性质范围）。Intercontinental Dictionary Series v. De Gruyter, 822 F. Supp. 662, 674—676 (D. Cal. 1993)（涵盖语言学领域中许多学者的生活的学术专论的研究与发展并非是典型的商业活动，因此，澳大利亚政府所从事的这样的行为值得《外国主权豁免法》的豁免）。MOL, Inc. v. The Peoples Republic of Bangladesh, 572 F. Supp. 79, 84 (D. Or. 1983)（认定国家使用警察权构成主权者的核心活动）。

② *See, e. g.*, Verlinden, 461 U. S. 480, 488—489 (1983).

③ 这7项例外概括如下：

如有下列任何一项情况，外国不能免于联邦法院或各州法院的管辖：

（1）该外国已明确地或默示地放弃其豁免权。关于此项弃权，除根据弃权的条件予以撤回者外，该外国可能声称的任何撤回均属无效（第1605条第1款第1项）。

（2）该诉讼是基于该外国在美国进行的商业活动而提出的；或者基于与该外国在别处的商业活动有关而在美国完成的行为提出的；或者基于与该外国在别处的商业活动有关，而且在美国领土以外进行但在美国引起直接影响的行为提出的（第1605条第1款第2项）。

（3）违反国际法取得的财产，其财产权利尚有争议并且该项财产或者用该项财产换得的任何财产现在美国境内且与该外国在美国进行的商业活动有关的；或者该项财产或者用该项财产换得的任何财产是属于该外国在美国从事商业活动的某一机构所有或者属于该机构的经营者所有的（第1605条第1款第3项）。

最常见的是第 1605 条第 2 款规定的"商业活动"例外。

（三）"商业活动"的"直接影响"要件

最能说明外国主权者豁免范式的是"商业活动"例外，这一点都不奇怪。

美国原告可能声称的单纯价值减少或者甚至是经济损失，如果没有

（4）由于继承或馈赠而取得的在美国的财产权利，或者尚有争议的坐落在美国的不动产权利（第 1605 条第 1 款第 4 项）。

（5）上述第（2）项所未包括的其他情况，即某外国或者该外国任何官员或雇员在职务或雇佣范围内的行动中发生侵权行为或过失，从而在美国境内造成人身伤害、死亡或者财产损害或丧失，（受害一方）为此向该外国追索损害赔偿金的；但本项规定不适用于下列情况（第 1605 条第 1 款第 5 项）：

（甲）基于行使和履行或者不行使和履行自由裁量权能而提起的任何权利要求，不管此项自由裁量是否被滥用；

（乙）由于诬告、滥用程序、文字诽谤、口头诽谤、歪曲、欺骗或者干涉合同权利而引起的任何权利要求。

（6）如果当事人在美国法院提起诉讼，请求执行外国国家与私人当事人之间订立的将其就某种法律关系的争议提交仲裁的协议，或者请求执行根据该仲裁协议作出的仲裁裁决，不论该项争议是否合同性争议，外国国家均不得享有管辖豁免权，只要（A）其涉及根据美国法律可以通过仲裁解决的诉讼标的；（B）仲裁在美国或打算在美国进行；（C）仲裁协议或裁决由对美国生效的有关承认与执行仲裁裁决的条约或其他国际协定支配；（D）准备提交仲裁的诉讼请求，根据本款第 1 项的规定，可以在美国法院提起诉讼（第 1605 条第 1 款第 6 项）；以及

（7）对于第 2 项不涵盖的诉讼，如果原告针对外国国家提起有关人身伤害或死亡的金钱损害赔偿诉讼，而这种人身伤害或死亡是由外国国家的官员、雇员或代理人，在其职权、雇佣或代理权限范围内实施的酷刑、法外处决、破坏航空器、劫持人质的行为，或为此类行为提供物资支持或资源所导致（第 1605 条第 1 款第 7 项）。

这 7 项例外受到两个条款的限制，即规定法院对于起诉外国国家的诉讼不具有管辖权，如果外国国家（1）在上述行为发生时尚未被 1979 年《出口管理法》（the Export Administration Act of 1979）第 6（j）条或《1961 年对外援助法》（the Foreign Assistance Act of 1961）第 620 条指定为支持恐怖主义之国家，则只有在其因此类行为而被指定为支持恐怖主义国家后，方可拒绝授予其豁免权，除非后来又因此类行为或与美国哥伦比亚特区联邦地区法院第 1：00CV03110 号案件相关的行为而被指定为支持恐怖主义之国家；（2）即使某一外国已经被指定为支持恐怖主义国家，如果致害行为发生于该国，而且原告没有给予该外国合理机会以按照公认的国际仲裁规则进行仲裁；或原告或受害人在致害行为发生时并非美国公民，美国法院也不能拒绝授予该外国豁免权。

可以在海事诉讼中提起的例外的条件也规定在第 7 项下。

其他更多的话，那么不足以越过《外国主权豁免法》对于豁免的推定，尽管该请求所依据的是其中的"商业活动"是"直接"的，但是并不构成"影响"。举例而言，在克莱恩诉金子案（Kline v. Kaneko）[①] 中，所提起的诉讼是基于墨西哥政府内务部的官方行为。在该案中，原告声称其被墨西哥内务部驱逐出墨西哥，而该内务部的部长进而追求损害原告的经济利益。此外，原告声称，驱逐是在没有进行任何正式的引渡程序下进行的，缺乏正当程序。在驳回起诉中，地区法院指出，"将外国国民从主权国家中驱逐出境不是一项通常由私人从事的追求利润的活动"。[②] 此外，法院指出，调查和判断墨西哥的移民法是不恰当的。[③]

商船三井公司诉孟加拉共和国案（Mol，Inc. v. The People's Republic of Bangledesh）[④] 的认定也是一个例子，在该案中，法院审视了"孟加拉对恒河猴的捕捉与出口的管制是'商业'活动还是'政府'活动"。[⑤] 起初，为了管制对恒河猴的捕捉和对美国的出口，孟加拉政府发放了狩猎和出口许可证，但随后又撤销了许可证，原告对此提出质疑。合法获得的许可证允许原告根据政府官员管制的价格和数量出口这些动物。1977 年，在印度政府禁止类似生物品种的出口之后，孟加拉成了恒河猴的唯一出口来源，而其全球价格大幅上涨。[⑥] 在认识到恒河猴的价值后，孟加拉于 1978 年取消了出口该物种的协议。

地区法院认为，根据《外国主权豁免法》，孟加拉享有豁免权：

---

① Kline v. Kaneko, 685 F. Supp. 386 (D. N. Y. 1988).
② 同上案，第 391 页。
③ 同上案，第 389 页。
④ MOL, Inc. v. People's Republic of Bangladesh, 572 F. Supp. 79 (D. Or. 1983).
⑤ 同上案，第 83 页。
⑥ 同上案，第 81 页。

并非一项"商业活动"，而是免于美国法院诉讼的主权行为。授予这样的许可证是行使警察权而综合管制野生动物，其中主权权力是核心。同样，与排除进出口的权力类似，发放出口许可证的权力只有主权国家才拥有，而非私人当事人所能拥有。这里，诉讼中的该活动是主权"性质"的活动。①

原告在本案中的分析值得考虑。重要的是要注意到，原告坚称许可证的根本**目的**是要增加孟加拉的收入，因而必须被视为**商业性质**。然而，法院拒绝了这一主张，并批评了原告的分析，强调"根据《外国主权豁免法》，活动的**目的**是无关的"。②

单纯价值减少或者甚至是经济损失不足以满足"直接影响"的要件，也就不能越过已经确立的《外国主权豁免法》对于外国国家予以豁免的推定。③

重要的是要注意到，即使商业活动例外可以适用，只要在美国没有直接影响，豁免的保护仍然有效。为了证明尽管有经济损失，但是没有任何直接影响，商业活动例外就不能适用，德崇证券诉加拉达理接收委员

---

① MOL, Inc. v. People's Republic of Bangladesh, 572 F. Supp. 79 (D. Or. 1983)，p. 84.

② 同上案。

③ *See* United World Trade, Inc. v. Mangyshlakneft Oil Production Ass'n, 821 F. Supp. 1405, 1409 (D. Co. 1993), aff'd, 33 F. 3rd 1232 (10th Cir. 1994), cert. denied, 513 U. S. 1112 (1995)（认为由于外国国家的行为而导致原告在美国的单纯的经济损失不构成"直接影响"，因而不能根据《外国主权豁免法》第 1605 条第 1 款第 2 项产生事项管辖权）。*See also* H. R. Rep. No. 94—1487, at 17 (1976)，as reprinted in 1976 U. S. S. C. A. N. 6604, 6616（强调说，"商业"一词必须包含与美国的"实质联系"，以反映所争议的美国公民或居民与原告之间的行为联系程度）；Granville Gold Trust - Switzerland, 924 F. Supp. 397, 408 (E. D. N. Y. 1996)（认为当"委员会"的作用限于确保资产和清算债权时，根据《外国主权豁免法》，其与被告之间的合同，法院缺乏事项管辖权）；Antares Aircraft, Ltd. v. Federal Republic of Nigeria, 948 F. 2d 90 (2d Cir. 1991)，vacated 505 U. S. 1215 (1991), aff'd, 999 F. 2d 33 (2d Cir. 1993), cert denied, 510 U. S. 1071 (1994)（确认了对于美国公司的飞机在尼日利亚被扣押引起的争议没有事项管辖权的认定；就满足"商业活动"例外因而越过豁免的推定的目的而言，美国公司所蒙受的经济损失并不构成"直接影响"）。

会案（Drexel Burnham Lambert Group，Inc. v. Committee of Receivers for A. W. Galadari)① 很能说明这一点。在该案中，原告对迪拜酋长国提起诉讼，声称被告在迪拜银行的破产清算中对原告的抵押品管理不善。在该案中，涉及的接收委员会是由 4 名迪拜公民组成的。迪拜政府组织了该委员会，也保留了一些权力以清算迪拜银行的资产以及代表该银行提起诉讼并答辩。②

第二巡回上诉法院认为，《外国主权豁免法》禁止这里所提起的所有请求，因为即使"这些活动可能会被视为商业的，但并非是在美国造成了直接影响的活动"。③ 正如在涉及域外性原则的案件中一样，根据限制豁免理论授予豁免引起的概念问题与困境比回答或满意地解决的要更多。最能说明这个问题的是其所形成的 10 个基本前提。

（四）限制外国主权豁免理论中的阿基里斯之踵

首先，从绝对外国主权豁免理论过渡到限制豁免理论导致有必要建立可适用的标准，而这个标准必然产生**可预见性、统一性、意思自治、合理性和司法克制**。《外国主权豁免法》的 7 项基本而比较狭窄的例外确

---

① Drexel Burnham Lambert Group v. Committee of Receivers for Galadari，12 F. 3d 317 (2d Cir. 1993)，*cert. denied*，511 U. S. 1069 (1994).

② 同上案，第 319 页。

③ 同上案，第 330 页。在马格努斯电子有限公司诉加拿大皇家银行案［Magnus Electronics，Inc. v. Royal Bank of Canada，620 F. Supp. 387，390 (N. D. Ill. 1985)］中，伊利诺伊北区地区法院在认定中追溯了"直接影响"要求的参数。

至于"直接影响"，原告试图解读为，即使外国政府在自己领土内的行为对美国当事人造成了单纯的经济损失，那么在这儿足以让外国主权者属于本诉讼。这一解读过程将证明太过了：这将完全消除主权豁免权，因为所有美国原告都会证明所谓的外国政府在自己的领土内的非法行为造成了损失。正当程序限制排除了这样针对私人当事方的宽泛诉讼［*See, e. g.*，State Security Insurance Co. v. Frank B. Hall & Co.，530 F. Supp. 94，98—100 (N. D. Ill. 1981)］，事实上，只是依据如此微弱的联系而不能将非主权者拉上法院，那么如果因此将类似的外国国家拉上法院就是不正常的。

实比绝对豁免理论可以提供更大的灵活性，但缺少分析的一致性，不能满足遵循先例基础上的法理发展中所追求的基本目标。

第二，在判例法中，**商业活动**是 7 项例外中使用最多的。①

第三，使用这一标准是基于所争议的具体事实的**特征或性质**的分析而决定是否构成了私人实体也可以从事的行为，而不是那些主权者行使主权所特有的活动（如使用警察权力、制定移民法以及发放许可证），这构成了限制豁免理论所依据的基本前提。

重要的是要强调，在概念上，这个标准与商业活动存在实质区别但又是相互平行的。在这里，奇怪的是，与所争议事实的"商业影响"无关。因此，根据一些范例，外国主权豁免原则的要件似乎在内部上不一致。即使是最温和的想象也容易引起这一情形，即外国国家的行为能被归因于私人主体，但没有任何经济后果。同样，目前的必然结果并不会引起多大的挑战。在很多种情况下，外国国家在自己领土内行使主权本身所固有的行为和不作为，容易受到与其公民或美国公民（该标准不承认这两者之间的区别）的活动有关的美国法的域外适用方面的影响，只要这些活动产生经济后果——这个词没有任何数学或司法的严谨性——触及或关切美国的国内或国际商业。

第四，限制豁免理论的前提是对有争议的事实的**性质**而非**目的或动机**的分析。限制豁免理论的这一标准或要件也有点问题，并导致基本原则不一致。例如，尽管最高法院强调在分析对美国的"商业影响"背景下的标准，基本的**意图**引起的所争议的事实也被认为是这一分析之中重要

---

①　在以下原则之间存在共通之处：（1）美国法的域外适用；（2）国家行为原则；（3）《外国主权豁免法》。尽管这些在一定程度上重叠又关联的准则中的每一个原则在概念上都有完整性和独立性，但是在一定程度上，都受经济因素支配。事实上，在外国国家自己领土内的行为和不作为影响了美国的国内或国际商业的程度上，它们的适用正在深刻地被这一程度影响，如果不是完全受支配的话。

而且相关的要件。不可能同时维持这样的主张，即在对外国主权豁免的法理适用分析中，不应考虑所争议的行为的**目的**，但必须将这一**意图**视为决定性的法律准则的一部分。其中的异常是显而易见的。这里也很显而易见的是，从最好的方面说，限制豁免理论所确立的是在重大的原则发展上有所欠缺，在最坏的情况下，它揭示自己内部的相互矛盾。这两点都是难以接受的。

第五，根据限制豁免理论，所争议的外国在自己领土内的事实与这些行为或不作为的商业后果之间的联系必须界定为"直接"的。但很可惜，其中的法理没有发展出来，更不用说"直接"的定义了。因此，**可预见性、统一性、意思自治、司法克制与合理性**要件被减弱为这一法理背景下以及有关的域外性分析中的单纯的理想目标。

第六，限制豁免理论将经济**影响**作为商业活动例外适用的前提。《外国主权豁免法》的贫困立法史上并没有界定"**影响**"。正如组成解决美国法的域外适用的分析性解释的一部分的"**直接影响**"范式一样，最高法院已刻意避免为这一准则提供实体内容，从而阐述有意义的预见价值和目标的客观先例，而消除了域外性的分析中的所有痕迹，那些分析往往趋向于根据具体的个案来分别分析，内部带有偶然性。①

第七，如果所争议的事实"基于"（based upon）商业活动，那么就属于商业活动例外范畴。在最高法院对沙特阿拉伯诉纳尔逊案（Saudi Arabia v. Nelson.）②的分析中，"基于"要件的缺点十分明显。尽管尽了最

---

① 至少当代的分析法学学派倾向于不赞成源于"特别规范"（particular norms）而非立法中最常确定的"一般规范"（general norms）的特别规范性原则。*See, e. g.*, Hans Kelsen, *The General Theory of Law and State*（Lawbook Exchange Ltd. 2006）.

② *See* Saudi Arabia v. Nelson, 507 U. S. 349（1993）. 在纳尔逊案中，原告是美国公民，受雇于一家位于沙特阿拉伯的医院（以下简称"沙特医院"），对沙特阿拉伯王国和购买了该医院的王国投资者提起诉讼。原告主张，其受到沙特政府毫无理由的关押和酷刑，其直接后果是对原告造成了人身伤害和经济损失，故此寻求补偿性损害赔偿人。诉状在美国佛罗里达南区地区法院提起，当时由已故著名法学家利奥诺尔·卡内罗·内斯比特（Leonore Carrero Nesbitt）法官审理。

大努力，在纳尔逊案中，最高法院认真、深入细致地审查了"基于商业活动"的诉讼与"基于与此活动有关的行为"的请求之间在立法原意上的区别，但还是没有阐明"基于"一词的含义。对于已经不明确和模糊的标准，这种区别只是导致更大的不确定性。此外，至于这里列举的第五项主张，所争议的事实可以被认定为商业活动"有关"程度的法理是不透明的，导致在概念上不可能画一条线来区分"基于商业活动"的诉讼与"基于与此活动有关的行为"的请求。这一护身符根本不存在足够的细化。

第八，即使从极其宽泛的角度来看，弥漫在限制豁免理论法理中的"减少"一词也是极不精确的。"减少"这一概念缺乏一个客观的量化标

地区法院以根据《外国主权豁免法》没有事项管辖权为由驳回了原告的起诉。然而，第十一巡回上诉法院推翻了一审判决，认为沙特阿拉伯王国和沙特医院所从事的行为的特征与性质属于《外国主权豁免法》规定的商业活动例外的范围。之后，此案上诉至最高法院，最高法院又推翻了第十一巡回上诉法院的判决，反而确认了地区法院内斯比特法官的裁决。具体而言，地区法院是依据第1605条第1款第2项的第1段的事项管辖权而驳回原告的诉讼的，因为起诉"是基于被告在美国从事的商业活动"（同上案，第354页）。

纳尔逊案的具体事实与最高法院的分析最能雄辩地表明，在"基于"商业活动要件中存在许多固有的问题。

在纳尔逊案中，原告回应了在美国刊登的一则去沙特医院工作的就业广告。经咨询后，原告赴沙特面试该职位，后来回到美国，与沙特医院签订了一份劳动合同。所有招聘环节，连同就业培训和指导，由美国医院集团有限公司（The Hospital Corporation of America, Ltd., 简称"HCA"）管理。

1983年12月，原告前往沙特阿拉伯，开始在沙特医院工作，负责主管与监督"所有设施、设备、公用事业以及维护系统，以确保病人、医院工作人员和其他人的安全"（同上案，第352页）。

在受雇期间，原告多次通知医院官员说，许多缺陷让病人以及医院的工作人员处于危险状态。原告还将这一信息告知沙特政府（同上案，第353页）。

据称，沙特政府特工逮捕了原告。原告还称，在4天之中，其被折磨、殴打以及没有食物。另外，原告还称，其不懂阿拉伯文，却被强迫签署一份阿拉伯文的声明。同上。直到两个月过去了，原告在这样的情况下被释放，主要是由于美国参议员的私人努力，终于获准离开沙特阿拉伯。

尽管有一个记录强烈表明，原告是在美国招募，在美国签订合同，沙特医院的雇佣与广告构成了"美国境内的商业活动"，最高法院强调，美国国会在制定商业活动例外时"显然理解之'基于'商业活动的诉讼和一个'基于'与此活动'有关'的行为导致的诉讼之间的差异"（同上案，第358页）。法院还指出，原告只是断言违反了一项义务，而不是违反合同。法院认为，这些事实前提构成了诉状的基础，并非"最终导致纳尔逊受伤的行为的活动，不是纳尔逊诉讼的基础……这些侵权行为，而不是先于它们的商业活动，形成了纳尔逊诉讼的基础"（同上案，第358页）。

准。虽然最高法院认为"单纯减少"与对美国的商业影响不足以引发商业活动例外，但是根本没有精确界定"减少"的含义。如果发展出一个标准的理想目标要富有成效，必须回答那些重要实质的问题。例如，如果所争议的行为对很高商业幅度的影响比例很小，"减少"这一概念应作为非实质性的对待吗？同样，这一询问的必然结果是引发同样的概念上的不确定性。在一个具体案件中，"减少"要件只限于具体的经济部门？另外值得提问的是，"减少"是否在作为关涉国际商业的国内商业背景中来理解？同理，"减少"问题肯定不能与所涉及的行为人的"**国籍**"区别开来。

最后，在最高法院所适用的商业活动例外背景中，"明知"（scienter）或意图要件也没有意义。例如，在这一背景下的"意图"与具有约束力的合同的一部分的"当事人同意"是否一样，这完全不清楚。甚至意图的程度更不用说证明了，普通法欺诈或确立刑事不法行为的意图的程度，大大不同。最高法院也没有阐明，在外国或国内商业中只出现"单纯减少"，并没有与相关的行为或不作为同时出现，"意图"要件在其中所占的权重。

对外国主权豁免理论的发展示意图简单，但却具有很大的教学价值：

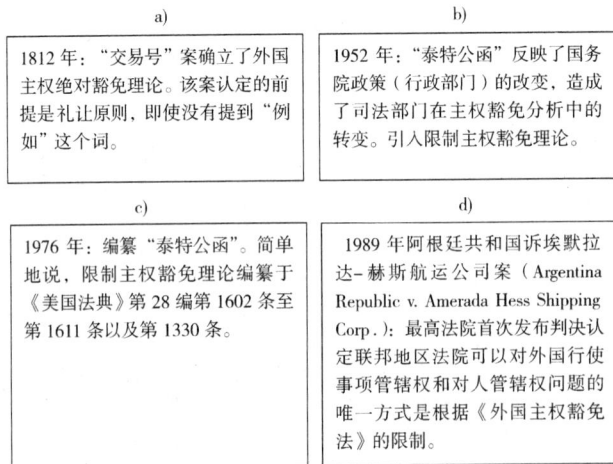

a)	b)
1812 年："交易号"案确立了外国主权绝对豁免理论。该案认定的前提是礼让原则，即使没有提到"例如"这个词。	1952 年："泰特公函"反映了国务院政策（行政部门）的改变，造成了司法部门在主权豁免分析中的转变。引入限制主权豁免理论。

c)	d)
1976 年：编纂"泰特公函"。简单地说，限制主权豁免理论编纂于《美国法典》第 28 编第 1602 条至第 1611 条以及第 1330 条。	1989 年阿根廷共和国诉埃默拉达-赫斯航运公司案（Argentina Republic v. Amerada Hess Shipping Corp.）：最高法院首次发布判决认定联邦地区法院可以对外国行使事项管辖权和对人管辖权问题的唯一方式是根据《外国主权豁免法》的限制。

限制外国主权豁免理论创造了一个不确定的框架，在许多情况下，被证明是相互矛盾的。在确定《外国主权豁免法》意义上的商业活动例外的适用时，在所采用的要件的精确可靠上，礼让发挥着重要作用，但是礼让原则却与限制豁免理论隔离开来。让外国国家在民事诉讼中从属于美国法院的管辖权，这与基于外国领土内的行为和不作为的美国法的域外适用一样，容易被解释为直接、明确地挑战外国国家的主权。如果限制豁免理论将礼让纳入和解分析，那么这种挑战可能会有所缓解，这反过来会迫使需要对利益进行考量，不但包括外国国家的利益，而且包括国际社会在期望维护并发展国际私法制度上的利益，这些制度将促进可预见性、统一性、意思自治、合理性和司法克制。

（五）经济减少

奇怪的是，从绝对豁免理论到限制豁免理论的形成和转变并没有发生在人口或经济真空时期。过去的两个世纪目睹了前所未有的全球人口增长，这一时期每年以60％的速度增长，世界人口在21世纪增加到61亿。值得注意的是，与这一惊人的增长平行的是，全球人均收入更是在相同的1820年至2000年间增长了900％。自从1820年起，富裕的工业化国家与贫穷的国家之间的人均收入差距可以这样衡量，即当时最工业化的国家（英国）与世界最贫困的地区（非洲）之间的对比，按人均收入衡量财富关系的话大概是4∶1。简单地说，"富裕"与"贫穷"国家之间糟糕的差异是一种比较新的现象，这是一种非常现代的历史特征。以1998年来衡量，最富裕的和最工业化的国家"美国"与世界最贫困地区（非洲）的经济差距的比例是20∶1。

从1812年至1989年期间限制豁免理论的背景来分析，当最高法院裁定，只有根据《外国主权豁免法》，联邦地区法院才能对外国国家行使事项管辖权和对人管辖权，工业革命也产生了跨国商业活动这一点已经很明显。这一新的"经济秩序"，其特点是迫切需要发展一种新的司法方法，让外国国家对其进入国际商业界从事的行为和不作为负责。对于经济发展、工业化、全球化与国际私法之间的深远联系，不能忽视支持消除"偶然性"和"不确定性"从而在"因果关系"基础上进行分析的因素。

六

国际司法协助:《美国法典》
第28编第1782条

　　《美国法典》第28编第1782条可能是美国对国际私法最新颖的贡献。为了协助外国裁判机关，该法授权使用《联邦民事程序规则》支配美国联邦法院中[1]文件和信息的开示，或者从位于美国的个人或实体处获取文件或证言。[2]

---

　　① 《联邦民事程序规则》主要在以下背景下适用：第26条（支配证据开示过程的一般规定）；第34条（提交文件和物件以及财产的检验）和第36条（可采性的要求）。

　　② 根据海牙《关于从国外调取民事或商事证据的公约》中所列举的方法，缔约国的司法当局可以请求另一缔约国主管机关，依照发出的调查委托书收集证据。See Convention for The Gathering of Evidence Abroad in Civil or Commercial Matters, art. 1, Mar. 18, 1970, 847 U. N. T. S. 231. 尽管这一制度是国际司法协助领域的显著发展，但其效果和效率却不能令人满意。然而，该公约的使用强制申请人根据其国内程序规则转移对证据开示过程的控制，并且将其责任转移给接收请求书（the letter rogatory）的国家的主管当局，以符合缔约国的地位，符合该请求（参见同上，第9条）。然而，第1782条允许非美国程序或调查的非美国当事人规避烦琐的请求书的方法，直接向诉讼提起地的美国联邦地区法院提出申请，要求位于该区管辖范围内的实体进行证据开示。如今很显然，就取证和证据开示上向外国提供司法协助，美国联邦法院系统向全球开放，在这一点上占据主导地位。对于罗马—日耳曼民法法系国家司法机关提出的障碍清单，参见 Gary B. Born, *International Civil Litigation in United States Courts*, pp. 847—849 (3rd ed. 1996)。

(一) 第 1782 条及其要件

第 1782 条的基本主张可以通过引用该条款简要地归纳如下：

（a）该人居住或在其被找到的区域的联邦地区法院可以命令他提供口头证言或声明，或者提供在**外国或国际裁判机构**诉讼中所使用的文件或其他物件，包括正式指控**之前**的刑事**调查**。命令可以基于**任何利害关系人**的申请而作出，并可以要求向法院任命的人提供口头证言或声明，或者提供文件或其他。①

分析联邦法院发布的有关解释第 1782 条的判决意见，认为该条款在追求以下"双重目标"上是一致的：（1）提供一个有效的方式来协助国际争议中的利害关系人，为他们提供直接到联邦地区法院起诉的权利；（2）鼓励外国法院为那些美国法院的诉讼参与人向外国法院寻求获得文件和信息提供类似的协助。②第十一巡回上诉法院已经认识到，"立法历史

---

① 第 1782 条的当前版本于 1964 年修改过。法院认为，第 1782 条已经进行了修正，"方便在外国裁判机关的诉讼行为，提高诉讼中的国际合作，并使美国在这方面居于世界各国间的领导地位"。*See* In Re：Bayer A. G. , 146 F. 3d 188, 191—192 (3d Cir. 1998). 根据附在最终成为现在的第 1782 条的草案最终版本后的参议院报告，"国会希望鼓励外国以类似方式修改其司法程序"。*See* In Re：Application of Asta Médica, S. A. , 981 F. 2d 1, 5 (1st Cir. 1992)［引用 S. Rep. No. 88—1850 (1964), as reprinted in 1964 U. S. C. C. A. N. 372, 3788］。

② *See* Schmidtz v. Bernstein, Libhard and Lifhsitz, LLP, 376 F. 3d 79, 84 (2d Cir. 2004). 第二巡回上诉法院特别强调第 1782 条的双重目标可以概括成"为我们联邦法院的国际诉讼参与人提供有效的协助方式并通过示范鼓励外国向我们的法院提供类似的协助方式"。另 *See* Lancaster Factory Co. , Ltd. v. mangone, 90 F. 3d 38, 41 (2d Cir. 1996)［citing F. Rep. No. 1580, 88th Cong. , 2d Seccion. 2 (1964), reprinted in 1964 U. S. C. C. A. N 3782, 3783］; In Re：Gianoli Aldunte, 3 F. 3d. 54, 58 (2d Cir. 1993) (同样的主张); in Re：Ishihara Chemical Co. , 251 F. 3d 120, 124 (2d Cir. 2001) (是这样阐述第 1782 条的双重目标的：（1）为我们联邦法院的国际诉讼参与人提供有效的协助方式；（2）通过示范的方式鼓励外国对美国的诉讼方提供相同或类似的协

表明,对第 1782 条的修正的目的是方便在外国裁判机关的诉讼行为,提高诉讼中的国际合作,并使美国在这方面居于世界各国间的领导地位".①在追踪第 1782 条的立法目的中,第十一巡回上诉法院在特立尼达和多巴哥(Trinidad and Tobago)案中认为,国会有意扩大了法令的范围:(1)不仅包括了证言和书面的质询,也包括自由决定寻求文件和其他有形的证据;(2)允许联邦地区法院协助"外国裁判机构"的诉讼,并不把法令中"外国裁判机构"的含义限定为法院或专门的司法机构;(3)允许"利害关系人"(并不像《海牙取证公约》那样仅限于不太有效率的诉讼中的外国裁判机构)直接向联邦地区法院申请司法协助;(4)废除了证据开示程序仅适用于未决诉讼以及提供的文件和信息只由外国裁判机构来使用的条件。②

助);In Re Edelman,295 F. 3d 171(2d Cir. 2002)(本质上,这一法令规定了美国涉外诉讼中获得证据的开示);in Re:Letter Rogatory from the Nedens District Court,Norway,216 F. R. D. 277(S. D. N. Y. 2003)("所以,准许要求当事方提供血样的申请将有效地帮助挪威法院提出的要求,并且会鼓励挪威向我们的法院提供类似的帮助");In Re Application of Grupo Gamma,S. A. de C. V. ,2005 W. L. 937486(S. D. N. Y. 2005);In Re:Request of Oric,2004 W. L. 2980648(N. D. I. 11. 2004);In Re:Application of Servicio Panamericano de Protection,S. A. ,354 F. Supp. 2d 269,273—274(S. D. N. Y. 2004);In the Matter of the Application of Procter & Gamble Co. ,334 F. Supp. 2d 1112,1113(E. D. Wis. 2004);and In Re:Application of Guy,2004 W. L. 1857580(S. D. N. Y. 2004).

① See Request for Assistance from Ministry of Legal Affairs of Trinidad and Tobago,848 F. 2d. 1151(11th Cir. 1988).

② 在特立尼达和多巴哥案(Trinidad and Tobago)中,法院用非凡的学术方式分析了第 1782 条的立法历史。在这里,法院非常详细地指出,1855 年 3 月 2 日的立法首次授权联邦法院协助外国裁判机关。该法授予联邦法院强制证人作证以协助外国法院的权力。In Re Letter Rogatory from the Justice Court,District of Montreal,Canada,523 F. 2d 562,564(6th Cir. 1975).然而,1863 年 3 月 3 日通过的立法很快限制了之前 1855 年的立法。1863 年立法允许美国法院获取证言以协助外国法院,只有该证言用于以下的诉讼中:(1)其中涉及到金钱或财产的返还;(2)与美国处于和平状态的国家的未决诉讼;以及(3)外国政府是一方当事人或具有利益。1863 年的这个立法,带有限制性,一直保持相对不变,直到 1948 年。

从 1948 年开始,国会通过若干修正案扩大了该法的范围。1948 年的修正案中删除了要求外国政府在诉讼中是一方当事人或具有利益的要求。国会还改变了"金钱或财产的返还诉讼",最终只要求诉讼是一个"司法程序"。See Act of May 24,1949,ch. 139,§ 93,63 Stat. 103(1949).然而,在此期间,国会保留了与美国处于和平状态的国家的未决诉讼的要求。

关键是要注意到，第 1782 条上的申请受制于联邦地区法院的绝对自由裁量权。[①]

尽管从法理上看不大明显，但是法院往往将第 1782 条上的申请仅仅限于这些案件，即证明所寻求的信息或文件在请求提出所在的外国也是可以开示的。[②]这一基本原则遭到了第二巡回上诉法院的断然拒绝。在埃斯梅里安案（In The Matter of the Application of Euromepa，S. A. v. Esmerian，Inc.）[③]中，法院阐明了这一前提以及根据第 1782 条而在文件和信息的提交上的对等互惠概念。

在该案中，第二巡回上诉法院推翻了地区法院拒绝第 1782 条申请的判决，理由是地区法院的判决是"滥用自由裁量权"。[④]法院认为，"我们说联邦地区法院可以自由裁量是否命令开示，并不意味着可以基于不合适的理由自由作出决定。在该案中，我们得出这样的结论，即联邦地区法院错误地适用了我们指导性的判例，并且在认定是否应该下令开示时错误地理解了解释外国法的范围"。[⑤]在形成其主张中，第二巡回上诉法院摒弃了构成审理第 1782 条申请的处理标准的四个前提条件。作为摒弃的一个分析点，法院强调在制定第 1782 条时国会故意设置了"一个单行线

1964 年，国会颁布了第 1782 条的最新修正。这些修改标志着国会对国际司法协助谨慎态度的巨大改变。Letter Rogatory from Montreal, Canada, 523 F. 2d, at 565. 国会无异议通过了国际司法程序规则委员会的建议，修订了第 1782 条。立法历史表明，该建议的背后目的是鼓励其他国家仿效美国的领导并且调整其本国程序，以改善诉讼中的国际合作。Trinidad and Tobago, 848 F. 2d, at 1153—1154.

① See United Kingdom v. United States, 238 F. 3d 1312, 1318—1319 (11th Cir. 2001); Lo Ka Chun v. Lo To, 858 F. 2d 1564, 1565—1566 (11th Cir. 1988) (认定国会已经根据第 1782 条授予联邦地区法院广泛的自由裁量权)。因此，即使满足所有的法定要件，只有肯定性地证明法院滥用了自由裁量权，才能推翻其判决。

② See, e. g. , In Re Application of Asta Médica, S. A. , 981 F. 2d 1, 7 (1st Cir. 1992); Lo Ka Chun v. Lo To, 858 F. 2d 1564, 1566 (11th Cir. 1988) .

③ In The Matter of the Application of Euromepa, S. A. v. Esmerian, Inc. , 51 F. 3d 1095 (2nd Cir. 1995) .

④ 同上案，第 1097 页。

⑤ 同上。

街道"。① 换句话说，立法"对他方给予了广泛的协助但并不求回报"。②

　　长期以来，对于在构成提起第 1782 条申请的根据这个问题上，是否要求向外国司法机关申请协助时已经用尽救济，上诉法院一直处于混乱的状态。第二巡回上诉法院强调，它已经拒绝了"任何内含的要求，即美国寻求的任何证据都应该根据一个外国法开示"。③ 因此，第二巡回上诉法院建议，在"申请的外国法院"寻求的信息或文件是否可开示问题上，这只是在审理这样的要求时所考虑的一个因素。

　　最后，对于联邦地区法院必须首先研究申请的外国法院的程序法和实体法的程度以及其作为审理第 1782 条申请的根据的问题，第二巡回上诉法院彻底地排除了相应的疑问。其他巡回上诉法院的判例主张，如果取证违反了有关国家的法律，则应该禁止该证据的开示。对此，法院强调，为了揣测外国对于在美国提供信息和文件时努力寻求司法协助的态度而详尽地分析外国法律既没有必要也不合适。④ 这一观点并不是说联邦地区法院应该完全漠视外国法以及外国对可能提起第 1782 条申请的特定问题的态度的考虑。第二巡回上诉法院明确地参考有关"提出开示请求

---

　　①　In The Matter of the Application of Euromepa, S. A. v. Esmerian, Inc., 51 F. 3d 1095 (2nd Cir. 1995).

　　②　同上案，引用了 In Re: Malev Hungarian Airlines, 964 F. 2d 97, 99 (2nd Cir.), cert. denied, 506 U. S. 861 (1992)。See also John Deere Ltd. v. Sperry Corp., 754 F. 2d 132, 135 (3rd Cir. 1985)（认定第 1782 条"并没有要求互惠作为授予证据开示命令的前提"）。

　　③　同上案，第 1098 页，引用 In Re Application of Aldunate, 3 F. 3d 54, 59 (2nd Cir.)（"如果国会曾打算对地区法院的自由裁量权施加这样一个笼统的限制，在修订该法的当时，就会增加具有该效果的立法用语"）。cert. denied, 510 U. S. 965, 114 S. Ct. 443, 126 L. Ed. 2d 376 (1993).

　　④　这一批判性的结论是来自于目前第 1782 条文本的其中一个主要设计者的评论:法令的起草者认识到把美国的协助扩大到依赖外国法将开启一个真正的潘多拉盒子。他们绝对不想把一个合作的要求变成一个花销和耗时庞大的对外国法的争辩。那将与他们努力寻求的东西背道而驰。他们也认识到，虽然大陆法国家并没有类似于普通法国家的证据开示规则，但是这些国家经常对于公开信息的程序有所不同，如果不能非常综合地理解复杂的外国制度，就不能正确地评估这些程序。他们认为，美国联邦地区法院为了尊重一个简单的协助要求去努力理解复杂的外国法律是完全不合适的。Hans Smit, Recent Development in International Litigation, 35 S. Tex. L. J. 215, 235 (1994).

的国家政府的性质和态度"的立法历史，把有关这一问题的立法者的语言和意图解释为"授权联邦地区法院来审查外国程序内在的公正性以确保外国程序符合正当程序的理念"。①

在埃斯梅里安案中，第二巡回上诉法院采纳了第三巡回上诉法院关于这一点的解释，认为联邦地区法院的法官尽力从可能对立或有偏见地解释外国法中去收集其他国家的做法和态度是不明智的，也与第1782条的目标不符。②

埃斯梅里安案创立了作为审理第1782条申请标准的四个原则，但仍然与三年前第一巡回上诉法院在麦蒂卡案（In Re：Application of Asta Médica，S. A.）等问题上的判决有直接和明显的冲突。③

在该案中，第一巡回上诉法院推翻了审判法院的裁决。审判法院的裁决支持从居住在联邦地区法院管辖范围的人那里寻求文件和证言的申请。第一巡回上诉法院的分析建立在第十巡回上诉法院、第三巡回上诉法院、第二巡回上诉法院和宾夕法尼亚东区联邦地区法院的观点之上。这些法院把处理标准解释为要求考虑在美国寻求的证据开示在其本国是否可以揭示和允许。④ 在英特尔股份有限公司诉超微半导体有限公司案中，最高法院非常详尽地、结论性地指出了麦蒂卡案与埃斯梅里安案观

---

① Euromepa，51 F. 3d，at 1099.

② 同上。

③ In Re：Application of Asta Médica，S. A.，981 F. 2d 1（1st Cir. 1992）.

④ 同上案，第6页［citing In Re：Request for Assistance from Ministry of Legal Affairs of Trinidad and Tobago，848 F. 2d 1151，1156（11th Cir. 1988）］（"联邦地区法院在授予协助前必须决定是否证据在外国是可以开示的"）；Lo Ka Chun，858 F. 2d，at 1566［推翻了审判法院的判决并指示联邦地区法院认定是否在美国寻求的证据在其本国是可以开示的（Hong Kong 1988）］；John Deere，Ltd. v. Sperry，754 F. 2d 132，136（3d Cir. 1985）；In Re：Court of the Commissioner of Patents for the Republic of South Africa，88 F. R. D. 75，77（E. D. Pa. 1980）（"如果美国法院给予外国案件中的当事人以法律程序的帮助而外国裁判机构并没有这样的法律程序，那就极大地阻止了法院之间的国际合作的发展"）。See Malev Hungarian Airlines，964 F. 2d 97（2d Cir，1992）（认为审判法院滥用了其裁量权，其裁定当事方提起第1782条申请首先必须努力从匈牙利法院获得一个裁决，认定申请中寻求的信息根据匈牙利规则是可以开示的）。

点上的冲突。①

（二）英特尔股份有限公司诉超微半导体有限公司：统一性和可预测性

在最高法院 2004 年审理的英特尔股份有限公司诉超微半导体有限公司案（Intel Corp. v. Advanced Micro Devices）中，很大程度上解决了在审理有关第 1782 条的申请的处理标准模糊不清的困境。这个判决形成了考虑适用第 1782 条的明晰的、灵活的标准。在行使这一管辖权时②，最高法院把这一问题认定为是"有关联邦地区法院为提供在国外的国际仲裁中使用的证据提供协助的权力"。③

最高法院在仔细审查了该诉讼的程序性历史后，指出：根据第九巡回上诉法院的判决，到欧共体委员会（欧洲委员会）竞争总署或"委员会"去申请的人是第 1782 条所指的"利害关系人"。此外，最高法院认为"委员会"以"第一审决策者"的身份行事时，是一个"裁判机构"。同样，法院认为"第 1782（a）条所寻求的证据开示必须被合理地考虑"，但不需要是"正在被审理的"或"即将要被审理的"。最后，最高法院分析"第 1782（a）条不包含门槛要求，即不要求联邦地区法院寻求的证据在规范外国诉讼的法律中是可以开示的"。④

这一裁定简化并澄清了审理第 1782 条申请的适用标准，可以概括为需要满足三个条件：（1）向之寻求信息的人或机构必须出席提起申请地

---

①　Intel，542 U. S. 241（2004）.

②　"鉴于不同的巡回上诉法院之间对于第 1782 条是否包含了外国的证据开示要求存在不同的意见"，法院行使了移送管辖权。最高法院也对其他两个问题作了审查。第一，第 1782（a）条是否也授予没有私人"当事方"资格以及不具有独立资格的机构获得证据开示的权利？第二，外国"法庭"的诉讼必须是"正在审理的"或者至少是申请人"即将"会成功地援引第 1782（a）条提出的诉讼（同上案，第 252 页）。

③　同上案，第 246 页。

④　同上案，第 246—247 页。

的联邦地区法院的审判；（2）根据申请使用寻求的信息的目的必须限于向外国裁判机构提供帮助；（3）法人或个人必须是第 1782 条所指的"利害关系人"。① 这种认识代表了构成法令的立法要件的简明重述，并且现在已经成为有拘束力的司法判例，或者用分析法学的术语来说已经成为有拘束力的单个的规范。②

法院在阐述了以上授予适用第 1782 条的三个条件外，还说明了第二个规则，该规则是建立在国会制定第 1782 条时努力发展起来的那些原则之上的。联邦地区法院一旦认定满足了以上三个条件，就必须在审理申请的事实时行使其自由裁量权。简要地说，联邦地区法院不"仅仅"因为符合三个条件就必须准予申请。③ 最高法院煞费苦心地强调联邦地区法院在审理第 1782 条申请中行使其自由裁量权时要考虑的几个因素，这些因素包括：（1）评估作为申请的对象要提供文件和公开信息的"人"④ 或"实体"是否是外国诉讼中的当事方（如果答案是肯定的，那么通常提供司法协助的需要就不会像非当事方时那样明显）；（2）"外国裁判机构的性质、国外进展中的诉讼程序的特点以及外国政府或外国法院或机构对美国联邦法院司法协助的接纳能力"；（3）申请是否已经被伪饰来规避尚存的关于证据收集方面的外国限制或者是外国或美国的公共政策，或者征集的信息"过分地打扰别人或者是带来过多的负担，或许会遭到拒绝或调整"。⑤

---

① 这一主张和第二巡回上诉法院在 In Re Application of Aldunate 案中的认识一致，3 F. 3d 54（2d Cir. 1993），cert. denied sub nom. Foden v. Aldunate，114 S. Ct. 443（1993）.

② See，In Re：Bayer，146 F. 3d，at 193；In Re：Application of Esses，101 F. 3d 873，875（2d Cir. 1996）；and In Re：Letter Rogatory from the First Court of First Instance in Civil Matters，42 F. 3d 308，310（5th Cir. 1995）.

③ Intel Corp.，542 U. S. at 264.

④ 这项立法通常被称为《词典法》（*The Dictionary Act*），包含支配国会立法（联邦立法）中所使用的词汇和术语的含义的定义。该法规定，"除非文意另有所指"，"人"包括"股份有限公司、有限责任公司、协会、事务所、社团、合股公司以及个人"（1 U. S. C. § 1）.

⑤ Intel Corp.，542 U. S. at 264.

最高法院不仅阐明了法令的因素以及联邦法院已经解释的方式，例如"利害关系人"的概念①、"外国裁判机构"的"程序"的性质和特点，而且认为根据第 1782 条联邦地区法院可以更自由、更少限制地适用《联邦民事程序规则》，从而扩展了处理标准。正是法院在其制定的第一个标准中所使用的对"裁判机构"这一概念的界定表明了它已经用与法规中用语的字面含义一致的方法来解释国会起草第 1782 条时的用意。第 1782 条中所体现的用语的字面含义以及法令的立法目的都说明要自由地而不是限制性地适用。

（三）智利国防委员会诉皮诺切特案与礼让原则

尽管分析第 1782 条的文献很多②，但讨论这一条款的学者或法院都没有将第 1782 条的规范基础与立法管辖权规则（美国法的域外适用）联

---

①　*See* Ishihara Chemico Co. Ltd. v. Shipley Co. , et al. , 251 F. 3d 120, 124 (2d Cir. 2001) （认为第 1782 条为联邦法院的国际诉讼中的当事人提供了充分的协助方式）; Lancaster Factoring Co. v. Mangone, 90 F. 3d 38, 42 (2d Cir. 1996) （认为由法院任命的保护外国债权人利益的信托机构是第 1782 条所指的"利害关系人"; "第 1782 条的立法历史很清楚地表明'利害关系人'包括'外国诉讼当事人'。Senate Report at 8, 1964 U. S. C. C. A. N. at 3789"); Esses, 101 F. 3d, at 875—876 （一个人死后没有留下遗嘱，其在外国的兄弟姊妹是第 1782 条所指的"利害关系人"); In Re: Letter of Request from the Crown Prosecution Service of the United Kingdom, 870 F. 2d 686 (D. C. Cir. 1989) （裁定法律事务外交部长、总检察长或其他的检察官在许多场合被认为是第 1782 条上"利害关系人"范围中的个人或机构; 联邦法院一致认为在外国诉讼中具有利益的一方可以被看作是第 1782 条范围中的申请方或者是"利害关系人"，不需要先向原外国裁判机构寻求一个法令来授权调查文件或公开信息); Malev, 964 F. 2d, at 101 （"我们相信，联邦地区法院基于没有要求匈牙利法院提供协助而否决适用《美国法典》第 28 编第 1782 条的证据开示是不正确的"）。

②　*See, e. g.*, Hans Smit, *The Supreme Court Rules on the Proper Interpretation of Section 1782: Its Potential Significance for International Arbitration*, 14 AM. R. INT'L ARB. 295 (2003); Hans Smit, *American Assistance to Litigation in Foreign and International Tribunals: Section 1782 of Title 28 of the U. S. C. Revisited*, 25 SYRACUSE J. INT'L L. & COM. 1 (1998); Amy Jeanne Conway, Note, *In Re Request for Judicial Assistance from the Federative Republic of Brazil: A Blow to International Judicial Assistance*, 41 CATH. U. L. R. 545 (1992); Walter B. Stahr, *Discovery Under 28 U. S. C.* § 1782 *for Foreign and International Proceedings*, 20 VA. J. INT'L L. 597 (1990) .

系起来。简单来说，美国公民或外国公民在外国领土内从事的行为或不作为的美国法的域外适用，在根据第 1782 条授予的外国协助中，联邦地区法院与"外国程序"、"外国裁判机构"、"利害关系人"或在外国进行的任何案件的其他方面或调查都没有任何关系，美国法的域外适用使得该协助的特征与性质在概念上可行，但没有默示更别说明示阐述其中的规范性依据。虽然从未通过这一概念进行分析，但第 1782 条是对美国法的域外适用的典型例证，只是其与美国的程序法理而非实体法理相关。因此，这两个基本准则在这交汇。

第一，国会在通过第 1782 条时唱主角，突出了政治部门的分立。在起草这一立法的过程中，广泛的立法记录反映了该法的立法历史，表明第 1782 条在国际背景下的目标。在立法史中，国会阐述了贯穿于立法管辖权的陈旧问题。第 1782 条是否引起了法律或政治问题？其是否同时在法律和政治领域产生了交叉重叠？鼓励美国联邦证据开示规则的跨国扩散，不考虑多元而且有时是不同的法律文化、习俗、传统和外国主权国家所抱有的期望，这只是单纯的法律问题？正如这些问题本身一样，对这些问题的答案也萦绕在半阴影之中。基于协定或习惯国际法或者宪法法理，国会是否有规范性权威来制定立法，为外国的"利害关系人"提供"进入美国地区法院适用联邦证据开示规则"？在概念上，这个问题与对立法管辖权的最肤浅的分析没有区别。换句话说：国会是否有来自宪法或国际原则的权力，来制定域外适用于在外国领土内从事的行为或不作为的实体或程序规范。

在一定程度上，这一特殊非凡而又前所未有的进入美国法院的事实不是一个法律问题，而是一个政治问题，而通常通过国务院来表达的行政部门的政策与目标应支配任何分析，从而确保一贯的外交政策。同样，当政府的三个部门在权力上模糊不清时，宪法危机就不可避免。这种混淆视听的模型，最经常表现出来的就是，法院发现自己在制定法背景下从事司法公正的管理，反过来没有为司法部门提供解决政治而非法律问题的替代方案。①

第二，礼让原则可作为一个规范性的依据，从中进行合理分析，将导致国会所强调的第 1782 条有关的确定性、统一性和可预见性问题。同时，在界定一个问题何时在性质上是政治问题或法律问题上，政府各部门没有绝对标准与方法，随之而来产生了不确定性，这一分析也有助于阐明这一不确定性。国会的两个理想目标：（1）在向外国提供协助背景下，可以获得支配证据开示的其他联邦程序规则，以及（2）鼓励国际社会通过与《联邦民事程序规则》类似的证据开示或取证规则，从而促进跨国诉讼中的互惠和透明度，在作为和解准则的礼让框架内，这能得到最好的解释。尽管任何善意可能归因于扩散《联邦民事程序规则》的证据开示的"高尚目的"，以使他们可能会得到普遍接受，仅受到轻微的局限和限制，这种意图无疑构成了国际社会之间的不满与怨恨。例如，第 1782 条上的申请倾向于要求"利害关系人"的原籍国允许证据开示，将其作为授予协助请求的前提，这就容易被解释为寻求规避原籍国的法律和规则。

---

① 马歇尔大法官在"交易号"案中首次阐述了绝对主权豁免理论，之后发展并过渡到 1952 年泰特公函所产生并编纂为《外国主权豁免法》的限制主权豁免理论，注意到这一点就会高度关注这个问题。不管最高法院的司法意见和法理上的考虑，最高法院在其判决中表明，有必要保持并加强对政府各个部门的独立的尊重。在 1976 年被编纂之前的 24 年间（1952 年至 1976 年间），国务院的政策是认为授予主权豁免的豁免问题不是法律问题，而是政治问题，因而属于政府行政部门而非司法部门的范畴，对此，最高法院予以承认。

这里也有附属于分类方法的半阴影的存在，据此，问题归类为法律或政治性质。从这样的分析中引出的问题简单，但是根据任何持续的分析，几乎不可能回答出来。用什么标准和由谁来确定答案？问题是如何争辩，又在哪里争辩？在审议过程中，政府三个部门的代表能迫使国务院责成司法部门将一个问题确认为是政治或法律问题吗？政府不同部门用以划分政治或法律问题的方法与标准并不清楚。司法部门有权不同意泰特公函更遵论拒绝它吗？泰特公函发布之前，咨询了立法和司法部门吗？解决这一问题一点都不明确。

　　美国法院对于正在外国进行的请求没有对人管辖权和事项管辖权却将美国法置于外国的法律之上，而且美国对于所进行的调查或程序没有任何实体上的利益，这不能不引起一个令人信服的推理，即一个外国国家的主权（即其司法机构）被破坏，如果不是完全忽略的话。这种批评在任何对第1782条以及立法管辖权所依据的整个概念规则的分析中是很流行的。根据国际习惯法，有什么法理依据来支持美国程序或实体法的出口？事实上，没有哪个评论家以一贯严谨的方式断言，第1782条的1964年修正中所包含的两个目标是错误的。这些评论家甚至从来没有解决这些立法的规范性基础或体现的宪法性后果的相关问题。①

　　在界定礼让原则作为促进利益和解上，表面上看来是在以下研究的基础上通过适用一个三重分析来持续：（1）美国的司法、社会、政治和经济利益；（2）分析这些因素，但在所涉及的外国国家的背景和框架内；（3）国际社会在创制可预见的、可靠的、统一的、有助于意思自治和司法克制的国际法规则的利益，使第1782条的"善意"理由特有的任意性和随机性将得到很大程度的减少，如果不是完全消除的话。同样，持续分析这些因素作为指导标准，而不是空洞的政策，期望增强美国证据开示规则的扩散化来促进各国之间的互惠，就会减弱那些认为第1782条的

---

　　① 鉴于这些案件与上诉法院之间的混乱，以及基本上没有改变的外国证据开示实践（尤其是在民法法系国家），已经有人指出，1964年修订第1782条的两个目标完全没有实现。关于第一个目标——即促进地区法院对外国请求开示位于美国境内的证据——美国联邦法院显然未能就申请许可的事由达成一致意见。关于第二个目标——以身作则，鼓励其他国家调整自己的程序而促进美国式的证据开示——这种调整没有实质上兑现。回想起来，因为在美国的取证范围是公认的要远远超过其他大部分，所以其他政府不会加快类似的立法，这并不完全令人惊讶。不过，在利用第1782条上，这些政府都没有犹豫，并在国际民事诉讼中越来越多地加以利用。事实上，在很大程度上由于缺乏外国的自发的预期反应，引起了1994年《国际反垄断执行协助法》（International Antitrust Enforcement Assistance Act）对于互惠的要求，至少在反垄断领域是这样。制定这项法律是"授权美国联邦贸易委员会和总检察长根据反垄断相互协助协定，方便取得位于外国的反垄断证据，在互惠基础上向外国反垄断当局提供反垄断的证据"。See, e. g., Extraterritorial Discovery and U. S. Judicial Assistance: Promoting Reciprocity or Exacerbating Judiciary Overload? 37 Int'l Law. 1055, 1064 (2003).

使用是对主权概念的侵蚀和减损的批评。所宣称的善意"注定"产生各国之间的互惠,这还有待解释,在构成普遍合法适用第 1782 条的规范性基础上,以及所渲染的对于向代表利害关系人的外国法院提供协助和证据开示的批评变得毫无实际意义的目的上,还有很多工作要做。

(四) 第 1782 条与皮诺切特案:一个范式

1996 年对第 1782 条的修正确立了该法适用于所声称的正式指控之前的刑事调查。① 因此,存在外国刑事调查时,也经常同意第 1782 条上的申请。②

在刑事调查和之后的刑事起诉框架内,适用第 1782 条最雄辩、最有说服力的情形见于与美国的司法部职能类似的智利机关(智利共和国国防委员会,Consejo de Defensa del Estado de la República de Chile,简称 CDE)对前总统和武装部队总司令奥古斯托·皮诺切特(Augusto Pinochet)的案件。③

---

① See National Defense Authorization Act For Fiscal Year 1996, § 1342 (b), 110 Stat. 486 (1996).

② See, e.g., Intel, 124 S. Ct. at 2479—2480〔认为诸如欧洲委员会这样的行政法庭的准司法或司法程序有关的调查(例如诉状中所声称的违反反垄断法)〕符合第 1782 条上的"外国裁判机构");Trinidad and Tobago, 848 F. 2d, at 1151(认定特立尼达和多巴哥法律事务部国家检察官关于刑事调查的请求完全属于第 1782 条的范围);U. S. v. Sealed One, Letter of Request for Legal Assistance from the Deputy Prosecutor General of the Russian Federation, 235 F. 3d 1200 (9th Cir. 2000)(认定基于立法授权,对于俄罗斯提起的税收欺诈主张而要求在美国进行刑事调查,联邦地区法院在是否给予外国裁判机构协助上具有自由裁量权);In Re Letter of Request from a Crown Prosecution Service, 870 F. 2d 686 (D. C. Cir. 1989)(认定根据第 1782 条,关于在英国正在进行中的刑事调查,证据适合进行开示)。

③ 塞尔吉奥·穆尼奥斯·加哈尔多(Sergio Muñoz Gajardo)法官将针对皮诺切特两个刑事法律程序进行的调查和起诉合并,为了协助该刑事程序,智利国防委员会向位于美国的多个金融机构提出协助请求,为此美国法院发布了不少于 4 项第 1782 条上的命令。这里详细列出这些命令:Order Granting Request for Assistance, No. 05—61656 - civ - Marra/Seltzer (S. D. Fla. Nov. 22, 2005); Order Granting Request for Assistance, No. 1:05 - mc - 00305 - JR (D. C. Oct. 17, 2005); Order Granting Request for Assistance, No. M - 05 M 1967 (S. D. N. Y. Aug. 15, 2005); Order Granting Request for Assistance, No. 1:05 - cv - 21687 (S. D. Fla. Jul. 27, 2005).

有必要介绍这一特殊案件的程序历史，迁就一下研究奥古斯托·皮诺切特的政治和司法轨迹的博学的读者。

奥古斯托·皮诺切特与法治之间的关系构成了一段可悲的、曲折的历史，在某种程度上，已被全球宣传和精心记载。①

经过血腥的军事政变后，奥古斯托·皮诺切特作为总统登上了智利的权力舞台，直到 1990 年。1990 年作为总统下台后，奥古斯托·皮诺切特仍然大权在握，正式获得了智利武装部队总司令的职务，直到 1998 年。1998 年，他从军队退役，但同时被指定为"终身参议员"。

20 世纪 90 年代中期，在西班牙、英国、智利和其他国家提出的诉讼中，将奥古斯托·皮诺切特列为被告。这些案件大多是宣称其侵犯人权、人道主义权利、反人类罪以及违反国际法的基本准则，而所有这些行为都发生在他作为智利总统或武装部队总司令的任期内。

2004 年 7 月 15 日，美国参议院政府事务委员会发表了一项调查，题为"涉及里格斯银行的案例研究"（以下简称"参议院报告"）。② 参议院报告明确表示，1994 年至 2002 年间，里格斯银行（Riggs Bank）以奥古斯托·皮诺切特的名义开设了多个银行账户和存款证明，并确定奥古斯托·皮诺切特为受益人。值得注意的是，对于所涉资金来源相关的最基本问题，银行也"视而不见，听而不闻"。③ 参议院报告确定奥古斯托·

---

① 没有打算重新配置，更遑论重申，奥古斯托·皮诺切特与法治之间的关系的轮廓。相反，愿望是相当温和的。它仅限于对请求背景下那些必不可少的事实用简洁以及最一般的词汇进行叙述。

② Minority Staff Of The Permanent Subcommittee Of Investigation, Committee Of Governmental Affairs, United States Senate, 109TH Cong, *Money Laundering And Foreign Corruption: Enforcement And Effectiveness of The Patriot Act -case Study Involving Riggs Bank* (July 15, 2004) available at http: //www. senate. gov/~ govt - aff/index. cfm? Fuseaction = Hearings. Detail&HearingID=189 (last visited 30 October 2006).

③ 同上书，第 2 页。

皮诺切特账户当时存款的数额超过了 800 万美元。① 参议院报告还强调，里格斯银行曾协助奥古斯托·皮诺切特规避针对皮诺切特提起的寻求冻结其在该行的资金的法律程序。②

2004 年 3 月 6 日，美国参议院政府事务委员会发表了第二份报告，题为"奥古斯托·皮诺切特使用的美国账户的补充报告"（以下简称"补充报告"）。③ "补充报告"非常详细地表明，里格斯银行与奥古斯托·皮诺切特之间的关系远比参议院报告所揭示的更为深入和复杂。根据"补

---

① Minority Staff Of The Permanent Subcommittee Of Investigation，Committee Of Governmental Affairs，United States Senate，109TH Cong，*Money Laundering And Foreign Corruption*：*Enforcement And Effectiveness of The Patriot Act - case Study Involving Riggs Bank*（July 15，2004）available at http：//www. senate. gov/~ govt - aff/index. cfm? Fuseaction = Hearings. Detail&HearingID=189（last visited 30 October 2006）.

② 根据两份国会工作人员报告，金融机构违反多个制定法、规章以及联邦建议，包括（但不限于）《1970 年银行保密法》[The Bank Secrecy Act of 1970（12 U. S. C. §1951—1959 and 31 U. S. C. §§5301—5322]、《1986 年控制洗钱法》（The Money Laundering Control Act of 1986（18 U. S. C. §1956）、《美联储私人银行指南》（the Federal Reserve Guidance on Private Banking）、《公众人物财政条例》（the Public Figure Treasury Regulation）及《2001 年美国爱国者法》（the U. S. A. Patriot Act of 2001，31 U. S. C. §5318）. *See* Permanent Subcommittee Of Investigation，Committee Of Governmental Affairs，United States Senate，109TH Congress，*Money Laundering And Foreign Corruption*：*Enforcement And Effectiveness of The Patriot Act - Supplemental Staff Report On U. S. Account Used By Augusto Pinochet*（March 16，2005）*available at* http：//hsgac. senate. gov/_ files/PublicationList1947PresentUpdated815 06pdf. pdf（last visited 30 October 2006）.

这些违反行为包括但不限于：

• 没有根据《美国联邦法规汇编》第 12 编第 2111 条（12 C. F. R. §2111）提交可疑活动报告；

• 抛弃了"了解你的客户"限制，在其他考虑因素之中，其中要求银行调查有关其客户或有争议的交易来源或资金来源；

• 为了虚假账户持有人以及受益人的利益，通过使用"奥古斯托·皮诺切特·加特"（Augusto Pinochet Ugarte）的名义伪装皮诺切特的资产；

• 方便皮诺切特规避具有适格管辖权的法院行使冻结资金和财产以及其他资产的所有权的管辖权；

• 关于这些所宣称的商业目的的交易，没有对可能异常的交易进行任何有关尽职调查；

• 忽略了对于旨在提高与"政界人士"有关的新账户的开立与监管的审查和尽职调查的建议；以及

• 主动或故意向联邦银行监管机构隐瞒而不披露皮诺切特及其关联账户的存在。

③ 同上。

充报告"，里格斯银行已经培育了与奥古斯托·皮诺切特及其家人以及智利军方之间 25 年的业务关系，至少包括 28 个与奥古斯托·皮诺切特直接相关的银行账户和存款证明。①

"补充报告"还确定，大约有 100 个账户、存款证明及其他交易和美国金融机构与皮诺切特先生进行定期业务往来，没有进行必要的尽职调查或与政治人物有关的商业活动的公开性。在他担任总统和武装部队总司令时，奥古斯托·皮诺切特有义务向智利税收和财政机构报告其收入与资产。尽管存在这一无可置疑的义务，智利当局发现，奥古斯托·皮诺切特从未向任何智利主管机构透露或报告其美国银行账户或交易。②

奥古斯托·皮诺切特明确向智利政府当局披露，作为对其 1973 年至 2005 年之间的"公务人员"工作的补偿，得到了少于 100 万美元，但是塞尔吉奥·穆尼奥斯·加哈尔多法官的初步调查却反映，其在美国的银行账户都远远超过 1700 万美元。智利法院还认为，当时"披露"的奥古斯托·皮诺切特的资产和他作为公务人员的收入，不存在任何逻辑上或商业上合理的关系。③

智利共和国发现自己处于一个十字路口，突显了司法困境。智利国

---

① Minority Staff Of The Permanent Subcommittee Of Investigation，Committee Of Governmental Affairs，United States Senate，109TH Cong，*Money Laundering And Foreign Corruption*：*Enforcement And Effectiveness of The Patriot Act - case Study Involving Riggs Bank* (July 15, 2004) available at http：//www. senate. gov/～govt - aff/index. cfm？Fuseaction ＝ Hearings. Detail&HearingID＝189 (last visited 30 October 2006)，pp. 9—10.

② 事实上，1973 年 9 月 21 日，几乎在控制智利政府的 10 天后，奥古斯托·皮诺切特在公证人面前声明了其资产负债表。在伪证处罚法的责任下，在这份文件上签字。此外，1989 年 10 月 19 日，当皮诺切特正在从其解除作为智利总统责任的最后步骤中，他又在公证人面前声明了一份新的资产负债表。值得注意的是，在 1973 年和 1989 年签署的这两份资产负债表声明中，皮诺切特对这些在智利管辖范围以外拥有或控制的资产根本没有提及，更不用说详细说明了。

③ 相当于美国国内税务局的智利机关决定，皮诺切特未披露的在美国银行的资产给智利造成了超过 24.76 亿比索（约合 4284737 美元）的损失。

1991 年至 2004 年间，皮诺切特将其美国银行账户的 5601031.20 美元转移到在智利开设的账户。这些交易大部分通过里格斯银行发行支票进行，而且之后在智利亲自兑现，涉及的支票不少于 40 张。

防委员会与税收当局都已开始对皮诺切特进行刑事调查。[①]尽管有关皮诺切特的不法行为和犯罪活动在道德上是确定的,但实际上几乎不可能在智利对这些犯罪提起公诉,因为有关的重要证据绝大多数都由美国金融机构控制,超出了智利法院的管辖范围。为了获取必要的证据,智利国防委员会与税收当局只有求助于两个经典范式。第一,根据请求书的证据开示是一个现实却不可行的办法。请求书方法是过时、烦琐并且非常缓慢的。在这样一个针对前国家元首、武装部队总司令、终身参议员的特别刑事调查中,需要快速进行,因此就需要快捷地获取文件和证言,而实际上是不可能做到的。当将一般规范适用于本案这样的具体事实时,甚至委托书这样的选择在理论上也都不可行。

第二种选择同样是徒劳的。根据海牙《关于从国外调取民事或商事证据的公约》、《美洲国家间关于国外调取证据的公约》或外交手段取证与请求书方法一样低效拖延。这些有关的取证规则均没有被修改,以符合当前全球化的宏观经济理论占优势的经济环境。20 世纪末开始的"通讯革命"导致资金的快速转移,但没有在取证领域产生相应的国际司法协助制度。

由皮诺切特案引发的困境构成了一个目前只能根据第 1782 条来解决的典范案例研究。事实上,正是因为在 3 个不同司法管辖区[②]提出了第 1782 条上的申请,国防委员会才能（1）快速、及时地获取符合智利裁判机构的程序要求的证据的收集和提交,以及（2）加速接触各金融机构指

---

① 国防委员会的刑事指控包括欺诈、腐败、公共资金的不当拨款、从利益冲突中产生的自我牟利以及合谋。利益冲突产生的收益,及串谋行使。智利财政部下属税务局（the Servicio de Impuestos Internos de Chile,相当于美国国家税务局）指控违反了《税法典》(the Tax Code) 第 94 条,这一指控是针对奥古斯托·皮诺切特及其两个长期的律师和私人助理奥斯卡·艾特肯斯（Oscar Aitkens）以及与奥古斯托·皮诺切特 1998 年至 2004 年期间隐瞒收入报税有关的责任人。这两个刑事法律程序被合并,归于从圣地亚哥上诉法院法官中选任的一名特别任命法官审理。

② 请求分别提交给如下法院:佛罗里达南区联邦地区法院、纽约南区联邦地区法院、哥伦比亚特区联邦地区法院。

定的主要证人，并获取这些证人各自的证词，这样能在刑事程序开始后不到 4 个月内提交证据。

尽管评论家和执业律师对第 1782 条提出了有理由的批评，但是对于这一程序方法在促进跨境、跨国背景下的司法公正的辩论却很少。

已发出的新标准，再加上最高法院澄清的这些标准，体现出一个有意义的趋势，致力于扩大第 1782 条的范围。这种趋势在概念上符合（1）"新的"限制外国主权豁免理论；（2）立法管辖权，即美国法的域外适用和国会制定这样立法的权力；以及（3）国家行为原则。这三点（以及第 1782 条体现的第四点），似乎为美国法院提供了规范性的基础，将实体和程序法理适用于可以归因于外国国民在外国领土上的行为和不作为。

这四个原则本身容易以多种不同的方式侵犯外国国家的主权，其中有许多在这里以基于已查明的事实和理论的解释所确定了。可以肯定的是，其中的一些问题也许是难以协调的，如果不是完全不可能的话。然而，对于传统的那个既低于义务又高于单纯的礼让的半阴影原则，已经为这里界定并重新界定的礼让原则所超越了，这样礼让原则可以作为主角，至少减轻了那些在国际私法程序领域中普通法的形成与转变而引起的较突出的困难。现存理论原则不需要深刻或者基本上重新配置。相反，一个相对简单的模式已被提出，导致了这些原则，通过在新的礼让原则背景下予以分析，从而维护其基本的善意实体政策。面临的挑战仍然巨大，而协调这些国际私法原则的目标同样雄心勃勃。但是，必须采取温和的第一步，如果这是全部步骤的话，在国际私法法理上迈向统一的司法理论，在依据权力分立的规范性的美国政治框架内，促进统一性、可预见性、意思自治、司法克制和合理性。

七

结　　论

　　我们回到起初的出发点。也许汉斯·凯尔森是对的。过去的 20 世纪见证了人类历史上一些最惨绝人寰的暴行。如两次世界大战、种族灭绝的例子不胜枚举，在前所未有的全球财富积累的同时，每天面对的却是每 2 秒钟就有一名儿童死于饥饿的悲剧，而且每月超过 44000 名婴儿死于容易治愈的疾病。似乎可以得出这样一个结论，尽管科学、生物化学、物理和技术出现了具有里程碑意义的进步，但是人类的思想道德状况没有进步。

　　这一悖论并不明显。可能是向神献祭自己生命的原住民与我们"现代文明"享有一样或者更高的道德地位。然而，有必要突出该文明与当前文明之间可能存在的重大差异。尽管有上面提到的那些暴行，但是意识到这些行为的不当足以产生重大而有意义的差异，这反过来可能有助于更大的希望。我们确实知道，正如凯尔森所指出的，如果我们不直面摆在我们面前的任务并且承担一切努力所固有的责任，不试图发起建立国际法律秩序的司法改革而非革命，那么这个希望永远不会得以实现。眼下的任务是极其复杂的，必须谦逊地进行，并且理解每一个贡献总是细微的，而且进步是潜移默化的。但是，对于源于我们意识到的不当行为的责任，我们有选择吗？